瀬戸口しおり　私の手料理

anonima st.

はじめに

もう10年以上前、私はイラストの学校に通いながら吉祥寺のレストラン「Kuu Kuu」でアルバイトをしていました。
私が料理をはじめたのは、そこで高山なおみさんに出会ったから。
厨房でいろんな味を作りつづける高山さんを、いつもホールからのぞき見していました。
厨房ばかり見ていた私を「じゃ、厨房やってみなよ」と誘ってくれて、厨房で働くことになった私。
右も左もわからない私は、高山さんの手の動き、しぐさ、料理が出来上がっていく匂いを全身で感じて、ずっと見つめていました。
失敗ばかりしていたけれど、なぜ失敗したか考えてもう一度やってみると、案外簡単に答えが見つかりました。
手でさわって、今、素材がどんな状態なのかを知ること。
作りはじめの匂いや香り、味がどんなふうに変わっていくのか、最後にどんな味になるのか覚えること。
何回も作ってみること。
そして心をこめて作ること。
それが料理をおいしく作れるコツなんじゃないかと、私は思うのです。

そして、子供が生まれてお母さんという存在になって4年がたちました。
今まで食べていたものから、よりシンプルな形に変わっていって、毎日のごはんを作っています。
子供がいると規則正しい生活になり、季節が変わっていくのをすごく実感できるようになりました。
その中で、私は味噌や梅干しを自分で作ってみるようになりました。
梅の香りを感じながらの作業や、大豆を煮ることやつぶすこと、
手を使っていろんなことをするとストレスが発散できて、心がスーッと静かになっていくのを感じました。
何より、自分で作るとおいしいのが嬉しい。
そして子供に、食べものの出来上がるしくみや工程をちゃんと知ってほしい、という思いも伝わるかもしれないと思ったのでした。
1年分の味噌作りは大変かもしれないけれど、大豆1kgぐらいなら、作ってみると意外に簡単。
そして毎回同じ作り方でも微妙に味が違うのがおもしろいのです。
それが料理を作る楽しさなんだなと、毎日ごはんを作りながら、今日もまた実感しているのです。

瀬戸口しおり

1　手でつくる

味噌をつくる
　　味噌　11
　　味噌とヨーグルトの漬けもの　16
　　出汁を使わない野菜だけの味噌汁　16
　　簡単ポタージュ　16
　　白身魚、ゆずこしょうの味噌汁　17
　　しょうが味噌　19
　　なかおちとごぼうの味噌そぼろ、春巻き　20

梅干しを漬ける
　　梅干し　23
　　鶏のカリカリ焼き 梅ジャムしょうゆソース　30
　　なかおちアボカドごはん　31
　　なかおちサラダ　31
　　余り梅の黄色いジャム　32
　　梅干しドレッシング　33
　　タイ風いわしの梅干し煮　34
　　梅干しと桜えびの混ぜごはん　35
　　梅干しとじゃがいもと塩豚の炒めもの　36
　　梅干しとゴーヤ、くずきりの和えもの　37
　　梅干しほうじ茶　37

うどんを打つ
　　手打ちうどん　39
　　めんつゆうどん　42
　　トマトダレうどん　43

餃子の皮をつくる
　　餃子の皮　45
　　玉ねぎと豚肉の水餃子　48
　　ゆで汁スープ　48
　　ひじきとれんこんの揚げ餃子　49
　　ひじきの炒め煮　51

2　料理の素

だし汁ゼリー　54
　　おひたしレモン風味　54
　　おかひじきの和えもの　55
　　ゆずこしょうのサラダ　55
　　ゆずこしょうドレッシング　57

めんつゆ　58
　　煮魚　58
　　ポン酢　58
　　おひたし　58
　　筑前煮風煮物　59

黒糖しょうゆ　62
　　肉じゃが風炒めもの　62
　　豚肉のしょうが焼き　62
　　煮卵　62
　　奄美の黒ごまスペアリブ　63

トマトダレ　66
　　干物の揚げ焼き トマトダレがけ　66
　　トマトのパスタ　66
　　白身魚のサラダ　67

上海ダレ　69
　　和え麺　69
　　あさりの炒めもの　70
　　青菜炒め　70

3 いつものおかず

肉と魚の料理
　いろんな国の豚角
　　（中華風／ベトナム風／沖縄風） 74
　鶏もも肉のベトナムこってり玉ねぎソース 78
　砂肝のさっぱりゆで 78
　砂肝の香港煮 79
　マヨネーズ 80
　ベトナム風オイルサーディン 82
　出汁と塩の煮魚 83

カンタンおかず
　水菜とトマトのサラダ 84
　切り干し大根の炒めもの 84
　れんこんのきんぴら 84
　こんにゃくマリネ 85
　かぶと油揚げの炒めもの 85
　にんじん、いんげんのごまあえ 85

冬のおたのしみ
　おでん 88
　かきと里いもの和風グラタン 89
　コーカサス風 塩豚とキャベツのスープ煮 92
　広見さんちの湯豆腐 93

4 Kuu Kuuのまかない

ニョクチャム 100
目玉焼きサンド 102
まかない卵かけごはん 103
Kuu Kuuの汁ビーフン 103
にんにくチップ、にんにくオイル 104
ラタトゥユグラタン 106
高山さんちのちくわ甘辛炒め キャベツのせん切り添え 107
タイ田舎風カレーペースト 110
タイ田舎風辛いチャーハン 110
Kuu Kuuの豚そぼろ 111
タイカレー チーズかつおぶしのせ 111

はじめに 2　　料理をはじめる前に 6　　Kuu Kuuのこと 98

料理をはじめる前に

【塩】
粗塩タイプのバリ島のものを普段使っています。グラムにすると小さじ1で4g。普通のは5gなので、少し控えめ。だけどキリッとしていてまるみのある塩なので、5gなくてもおいしいです。

【黒こしょう】
粒こしょうを常備しておいて、ミルで挽いています。挽きたてはおいしいし、香りがいい。そしてミルを回してゴリゴリと挽く作業がなぜか好きなのです。

【砂糖】
洗そう糖かきび砂糖を使っています。コクが出るので、かくし味のように使うことが多いです。

【薄口しょうゆ】
私の料理のポイントだと思います。ぜひ、お家にそろえて使ってほしいです。わが家ではしょうゆより薄口しょうゆの方が減りが早いくらいです。煮物などがすっきりした後味に仕上がり、野菜の色がきれいなのも多用している理由です。

【みりん】
酒とみりんの中間のものを普段使っています。なのでみりんを入れる時は酒を使わないレシピが多いかもしれません。

【出汁】
基本的にかつおぶしと昆布、煮干しと昆布の2種類を使い分けています。その日の気分や使う食材によって変えてみると、いろんなおいしさが味わえていいと思います。

◎かつおぶしと昆布の出汁のとり方
1. 鍋に水1ℓと、昆布5cm長さ1枚を入れ、20分くらいつけておく。
2. 1を中弱火にかけ、沸騰直前に昆布を取り出す。
3. 2にかつおぶし13gを加え、500ccのさし水をする。再度沸騰したら火を止めてザルなどで漉す。冷めてから冷蔵庫へ（保存は冷蔵庫で2日間）。

◎煮干しと昆布の出汁のとり方
水出しにするのが気に入っています。
1. 頭とワタを取った煮干し5〜10匹と、昆布5cm長さ1枚、水4カップを加え、ひと晩冷蔵庫に入れておく。
2. 煮干しと昆布を取り除き、出汁だけを火にかけて使う（保存は冷蔵庫で2日間）。

大さじ1は15cc、小さじ1は5cc、1カップは200cc。いずれもすりきりで量ります。

【あると楽しい調味料】

違う国の調味料は思いもかけない味でおもしろいのです。
手に入ったら使ってみてほしいものばかりです。主に輸入食品店で売っています。

レモングラス

レモンに似たさわやかな香りを持つハーブ。葉や茎の白い部分を用いる。タイやベトナムで魚や鶏肉の料理によく使われる。→ p.35、p.114

バイマクルート

こぶみかんの葉。さわやかな柑橘系の香りがする。タイ料理でカレーなどの風味づけに使う。乾燥のものより生の方が香りは強い。→ p.35、p.112、p.113、p.114

カピ

小海老を発酵させたペースト状のもの。タイ料理などに使われる。炒めものに使うとよい。→ p.101、p.113

タイカレーペースト

インスタントのペースト。レッド、グリーン、イエローなどがある。赤とうがらしをベースにしたものが、レッドカレーペースト。→ p.112、p.114

手でさわって、
今、素材がどんな状態なのかを知ること。

1. 手でつくる

味噌をつくる

味噌

作りやすい量

大豆 ……………………… 1kg
乾燥こうじ ……………… 800g
　（生こうじの場合は1kg）
自然塩 …………………… 450g
焼酎（消毒用）…………… 少々

用意するもの
• 鍋（大きいもの）
• ザル
• ボウル
• すり鉢
• すりこぎ
• バット
• ホーローの容器（プラスティック製でも可）
• ラップ
• 重し
• 新聞紙
• ひも

半年くらいで食べ頃に。さらに発酵させたい場合は室温で保存します。使う時に全体をかき混ぜてください。手を入れすぎると悪くなりやすいので、使う分を分けて冷蔵庫に入れておきましょう。

味噌をつくる

1　豆を洗ってから一晩たっぷりの水につける。
2　戻す前（左）、後（右）の大豆。
3　ザルに上げ、さっと水洗いする。
4　水を新しくして、豆にかぶるくらいの量に調整して強火にかける。

5　強火で煮ていくとアクが出てくる。
6　アクがモクモクしてくる。
7　アクをすくい取り、弱火にして静かに煮ていく。

8　ときどき上下をかき混ぜる。
9　水かさが減ってきたら、適宜水を加えてひたひたで煮る。
10　豆を指で軽くつぶせるくらいやわらかくなるまで、3〜5時間煮る。
11　ボウルにこうじを入れ、塩（少し残しておく）を加える。

12　ゆで汁を加える。
13　ほぐして30分置く（生のこうじにはゆで汁は入れない。塩を混ぜてすぐに使える）。
14　ゆで上がった豆を少量ずつ水気をきって、すり鉢でつぶしていく（鍋はごく弱火にかけたまま）。
15　全部つぶしたらバットに移し、こうじを入れてよく混ぜる。

16　ゆで汁を加え、少しやわらかくする（指がスッと入る程度）。
17　焼酎でホーローの容器を消毒し、容器の底に11で残しておいた塩の半量をまぶす。
18　味噌玉を作る。

19　味噌玉をつぶしながら、容器のはじから入れていく。
20　最後は平らにして、はじの方を中心に残りの塩をかける。
21　ラップをかけて重しをのせる。

22 ふたの代わりに新聞紙をかぶせ、ひもでしばって冷暗所で保存する。1か月後からときどき様子を見る。カビができていたらその場所を取り除き、焼酎をかけて消毒し、新しいラップに交換して重しをのせる（特に梅雨の時期はこまめに見る）。

出来上がり。

味噌を使うレシピ

味噌とヨーグルトの漬けもの

出汁を使わない野菜だけの味噌汁

簡単ポタージュ

白身魚、ゆずこしょうの味噌汁

味噌とヨーグルトの漬けもの

作りやすい量

きゅうり …………… 1本
にんじん …………… ½本
みょうが …………… 2個
うど ………………… ½本
味噌 ………………… 200g
ヨーグルト ………… 200g

① ホーローなどの保存容器に味噌とヨーグルトを入れて、泡立て器などでよく混ぜ合わせる。

② 野菜を漬けやすい大きさに切って漬け込む。きゅうり、にんじんは皮付のまま半分に。みょうがは切らずにそのまま、大きめの方がよい。うどは皮をむいて半分に切ったらすぐに漬け込む。

③ 野菜を取り出し、軽く洗って食べやすい大きさに切る。

水分の多い野菜は漬かりやすいので、半日くらいでちょうどいい味になります。水が出てゆるくなってきたら、味噌やヨーグルトを足せば何回か使い回せます。味噌汁のかくし味に使っても。

野菜がかくれるように漬け込む。

出汁を使わない野菜だけの味噌汁

2〜3人分

もやし ……………… ⅓袋
じゃがいも ………… 1個
アスパラガス ……… 2本
水 …………………… 500cc
味噌 ………………… 大さじ1と½

① もやしはひげ根を取っておく。じゃがいもは皮をむいて乱切りに、アスパラガスは茎の固いところをピーラーでむき、小口切りにする。

② 鍋に水とじゃがいもを入れ、弱火にかける。

③ じゃがいもに火が通ったらもやしとアスパラガスを加え、さらに煮る。

④ 味噌をとき入れ、火を止める。

簡単ポタージュ

2人分

大豆のゆで汁 ……… 400cc
牛乳 ………………… 100cc
自然塩 ……………… ひとつまみ

① 鍋にゆで汁と牛乳を入れ、弱火にかける。

② 湯気が出てきたら塩を入れ、味を調える（グツグツとなるまで煮込まない）。

白身魚、ゆずこしょうの味噌汁

2人分

里芋	……………………	小5個（200g）
大根	……………………	3cm
白身魚（生たら）	…………	1切れ（100g）
かつおぶしと昆布の出汁	……	500cc
白味噌	……………………	大さじ1
味噌	……………………	大さじ½強
ゆずこしょう	…………	少々

① 里芋は皮をむいて乱切りにし、ボウルに入れる。塩（分量外）を加えてもんでから水洗いし、ぬめりを取る。

② 大根は皮をむいて乱切りにする。

③ 鍋に出汁を入れ、里芋と大根を加えて中火にかける。沸騰したら弱火にして、里芋と大根がやわらかくなるまで煮る。

④ たらをひと口大のそぎ切りにして③の鍋に入れ、火が通ったら白味噌と味噌をとかし入れる。

⑤ 食べる時にゆずこしょうをのせる。

鯛のアラで作ってもおいしいです（湯引きしてから使ってください。出汁は必要ありません）。

しょうが味噌

作りやすい量

しょうが	………………	15g
味噌	………………	100g
白味噌	………………	大さじ1
みりん	………………	大さじ3
砂糖	………………	小さじ1

① しょうがは皮をむいてすりおろす。

② 鍋に材料すべてを入れ、弱火にかける。

③ 木べらなどでかき混ぜながら水分を飛ばしていく。

④ ゆるかった味噌が少しねっとりしてきたら出来上がり。

野菜やこんにゃくにつけたり、ごはんにのせるとおいしいです。保存は冷蔵庫で3か月。

なかおちとごぼうの味噌そぼろ、春巻き

作りやすい量

ごぼう	……………	½本（90〜100g）
なかおち	……………	160g
春巻きの皮	……………	1袋
サラダ油	……………	大さじ½
みりん	……………	大さじ1と½
味噌	……………	大さじ1
自然塩	……………	少々
小麦粉	……………	適量

① ごぼうは洗って泥を落とし、みじん切りにする。ザルに入れてさっと水洗いし、よく水気をきっておく。

② フライパンを熱してサラダ油をひき、ごぼうを入れてよく炒める。

③ ごぼうが透き通ってきたら、なかおちも加えて炒める。

④ みりん、味噌を加え、よく混ぜるように炒め、塩を加えて味を調える。

⑤ バットなどに④を入れ、冷ましておく。

⑥ 小麦粉と水、1:1でのりを作る。春巻きの皮をはがしておく。

⑦ ⑤を10等分にして春巻きの皮で巻き、はがれないように⑥ののりで巻き終わりをとめる。

⑧ 180℃くらいのサラダ油（分量外）で軽くキツネ色になるまで揚げる。

春巻きは揚げる前の状態で冷凍できます。味噌そぼろの保存は冷蔵庫で3日間。ごはんにのせて食べてもおいしいです。

梅干しを漬ける

梅干し

作りやすい量

[梅漬け]
梅 ················ 2kg
自然塩 ············ 360g
焼酎 ············· 50cc

[赤じそ漬け]
赤じそ ············ 200g（葉のみ）
自然塩 ············ 40g
梅漬けで出てくる梅酢 ·· 100cc

用意するもの
・ガラスビン
・ボウル
・ザル
・バスタオル
・麻などのふきん
・竹串
・洗濯ネット

漬け込む時期：6月中旬〜下旬

干す時期：梅雨明け

Step 1　梅漬けを作る

1,2　3-1　3-2

1　ガラスビンは熱湯消毒してよく乾かし、焼酎(分量外)をまぶしておく。ボウルに梅を入れ、たっぷりの水につけてやさしく洗う。
2　ザルに上げる。
3　広げたバスタオルの半分に置き、もう半分のバスタオルを梅にかけ、やさしくさわるようにして水気を取る。

4　5　6

4　麻のふきんなどでよく水気を取りながら竹串でヘタを取っていく。
5　ヘタを取ったあとの水分を、よくふき取る。
6　ボウルに焼酎を入れ、5の梅を少しずつ加えてまぶしていく。

7　ガラスビンの底全体に塩少々をふる。
8　6の梅のヘタの部分に塩をまぶす。

9　ガラスビンの中に梅を並べていき、最後に残った塩をのせる。
10　2日くらいすると、梅酢が上がってくるので(雨が多かった年は早く上がってくる)、ときどきビン全体をふり、塩を早くとかすようにする。

Step 2　赤じそ漬けを作る

1　赤じその茎から葉を取り、たっぷりの水につけて洗う。何回か繰り返す。
2　ザルに上げる。
3　水気をバスタオルでふく。

4　清潔な洗濯ネットに入れて屋外で大きく何度もふりまわし、水気を十分にきる
　　（水気が残るとカビの原因に）。
5　ボウルに赤じそを入れ、塩を半分加え、よくもんでいく。
6　だんだん塩がなじんでいくとかさが減る。

7 さらにもんでいくと、にごった紫色のアクの汁が出てくる。
8 両手できつくしぼってアクの汁を捨てる。

9 もう一度同じ手順で5〜8を繰り返す。
10 梅漬けの10（仕上げの1）で出てくる梅酢を加え、発色させる。

Step 3 仕上げる

1　2　　→　しばらくお休み…

1　梅漬けの梅酢が上がってきて塩が完全にとけたら、
　　梅干しにかぶるくらいの量を残して梅酢を取り分ける。
2　赤じそ漬けをビンの中の梅干しにのせる。
　　少し置くとなじんでくるので、そのまま梅雨明けまで待つ。

しそはしぼって
天日干しにして
ふりかけにする。

3　4　5

3　梅雨が明けたら3日間ザルに並べて天日干しにする。
　　1日目は梅酢が入ったビンも干す（ホコリが気になる場合は口にはラップをしてもよい）。
　　ときどき梅を裏返しにするといい。1日干したら梅をビンに戻す。
4　2日目はビンに戻さずザルに上げたまま。
5　3日目はビンに戻さず、夜間も屋外に出したまま、夜露にあてる。

6 　干し終わったら梅をビンに戻す。

> 梅干しのポイント
>
> ・完熟した（黄熟した）ものを使う
> ・重しを使わない
> ・梅は洗うだけで水につけない
>
> 赤じそを早めに漬ける場合は、手順の9まで作っておいて冷蔵庫で保存できます。
>
> 赤じそを入れないで作ると白梅干しになります。それもまたおいしいです。
>
> 干し終わった梅はビンに戻さず、梅酢と別々に保存する方法もあります。
>
> 仕上げの1で取り分けた梅酢は赤じそ漬けに使うほか、桜の塩漬けを作る時に必要なものでもあります。また、マリネやピクルス、すし酢などに使えます。風邪でのどが痛い時、5倍にうすめてうがいをするのもおすすめです。

梅を使うレシピ

鶏のカリカリ焼き 梅ジャムしょうゆソース

左／なかおちアボカドごはん、右／なかおちサラダ

余り梅の黄色いジャム

作りやすい量

黄熟した梅 …………… 200g
洗そう糖（きび砂糖）……… 140g

① ホーローやステンレスの鍋に梅を入れ、水をたっぷり加えて沸かし、沸騰してきたら（梅の皮がほんの少し割れてきたら）ゆでこぼす。

② 鍋に戻して砂糖を加え、砂糖がとけてきたら中火にかける。

③ 表面がボコッボコッと沸いてきたら少し火を弱め、アクをすくう。

④ 木べらでかき混ぜながら種のまわりの果肉を取る。

⑤ 3〜5分くらいするとトロリとしてくるので、種を取り除く（ゆるいくらいで大丈夫）。

⑥ 熱いうちに、熱湯消毒した保存ビンに入れ、ふたをして逆さに置いて冷めるのを待つ。

鶏のカリカリ焼き
梅ジャムしょうゆソース

2人分

鶏もも肉 …………… 1枚
サラダ油 …………… 小さじ1
梅ジャム …………… 大さじ1
しょうゆ …………… 大さじ1

① 鶏肉の水気をキッチンペーパーなどでふいておく。

② フライパンを熱してサラダ油をひき、中火で鶏肉を皮目から焼く。

③ 皮がカリカリになったらひっくり返し、少し火を弱めてじっくり焼いていく。

④ 鶏肉に火が通ったら取り出し、器に盛り付ける。

⑤ 鶏肉を取り出したフライパンに梅ジャムとしょうゆを加え、ひと煮立ちさせて④にかける。

傷が付いて梅干しにできなかった梅（5〜8個）で作っています。1kgくらい大量に作る時は、ゆでこぼして粗熱がひいたあとに、種（まわりの果肉をよく取る）を取り除いて煮込むと楽です。保存は未開封のまま常温で1年間。

なかおちアボカドごはん

<u>2人分</u>

アボカド ………… ½個
なかおち ………… 1パック（120g）
梅干しドレッシング …… 大さじ1〜2
ごはん …………… 2膳分
焼きのり ………… ½枚

① アボカドは半分に切って種を取り、皮をむく。食べやすい大きさに切っておく。

② ボウルになかおちとアボカドを入れ、梅干しドレッシングを加えて混ぜる。

③ 器にごはんをよそって②をのせ、のりをちぎってかける。

なかおちサラダ

<u>2人分</u>

木綿豆腐 ………… ½丁
きゅうり ………… ½本
アボカド ………… ½個
なかおち ………… 60g
梅干しドレッシング …… 大さじ2〜3

① 木綿豆腐はザルにのせて軽く水切りする。

② きゅうりは乱切りにする。アボカドは半分に切って種を取り、皮をむいて、さいの目切りにする。

③ ボウルに豆腐をちぎって入れ、②のきゅうりとアボカドを加え、さっと和える。

④ ③を器に盛り付け、なかおちをのせ、梅干しドレッシングをかける。

梅干しドレッシング

<u>作りやすい量</u>

梅干し …………… 大2個
玉ねぎ …………… 30g
酢 ………………… 60cc
薄口しょうゆ …… 40cc
サラダ油 ………… 100cc

分離しやすいので使う時によく混ぜてください。手順どおりにミキサーにかけても作れます。保存は冷蔵庫で2週間。

① 梅干しは種を取って包丁でたたいておく。

② 玉ねぎをすりおろしてボウルに入れ、酢、しょうゆ、梅干しを加えて泡立て器などでよく混ぜる。

③ ②にサラダ油を少しずつ入れ、泡立て器で混ぜる。

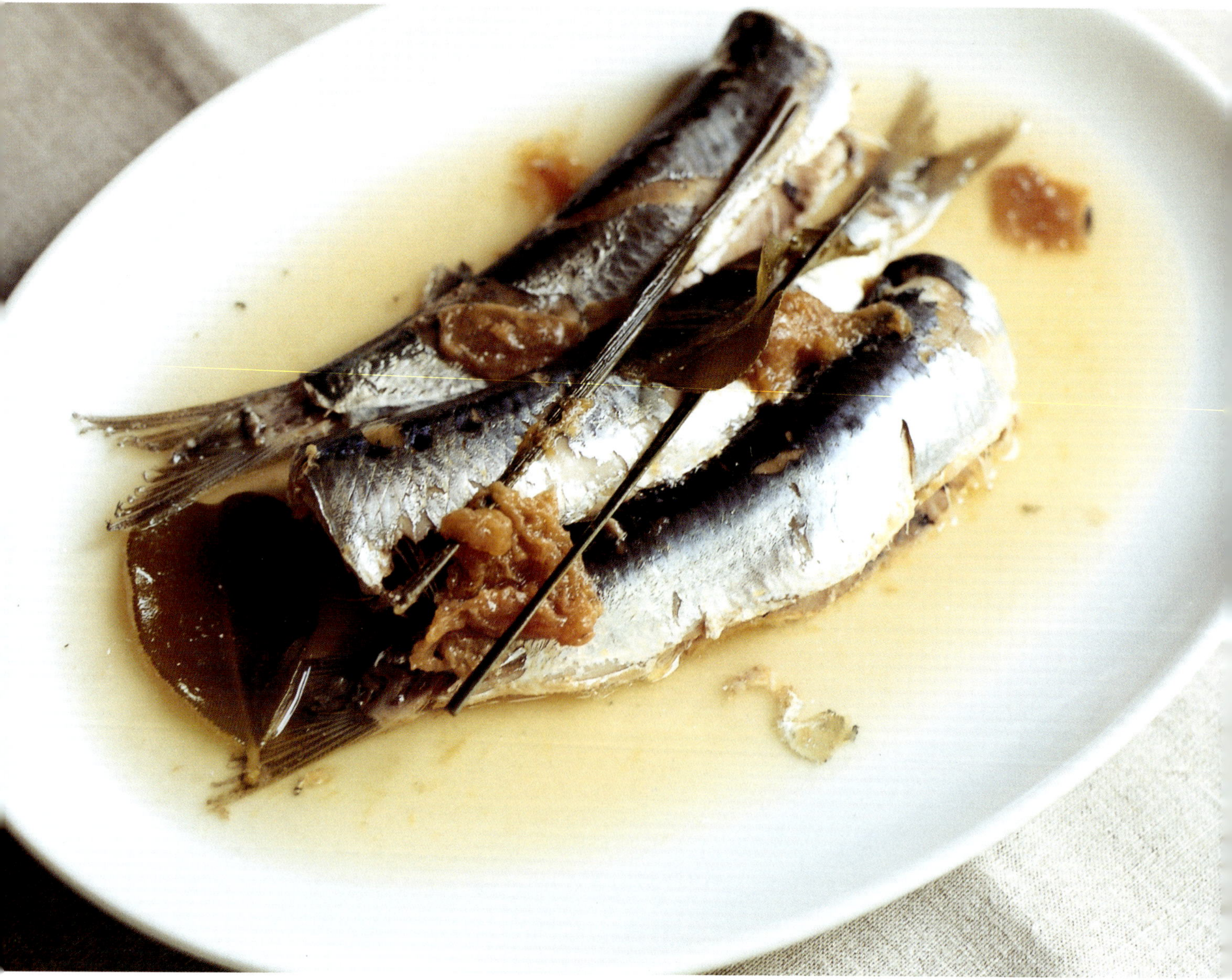

タイ風 いわしの梅干し煮

作りやすい量

いわし	……………	4匹
梅干し	……………	大1個

A	バイマクルート	………	3枚
	レモングラス	………	8cm×2本
	ナンプラー	…………	大さじ1と½
	薄口しょうゆ	………	大さじ1
	みりん	……………	大さじ½
	水	………………	300cc

① いわしはうろこと頭を取って腹に切り目を入れ、わたを取り除く。流水で骨に付いている血をきれいにし、キッチンペーパーで水気をふく。

② 鍋にちぎった梅干しとAを入れて強火にかけ、沸騰したらいわしを入れる。落としぶたをして中火で10分くらい煮る。

梅干しと桜えびの混ぜごはん

2人分

梅干し	……………	大1個
ごはん	……………	2膳分
桜えび	……………	大さじ3（5g）
黒こしょう	…………	少々

① 梅干しは種を取り、包丁でたたいておく。

② ボウルにごはんを入れて梅干しと桜えびを加え、さっくりと混ぜる。

③ 器に盛り付け、こしょうをひく。

梅干しとじゃがいもと塩豚の炒めもの

2～3人分

豚肩ロース	100g
じゃがいも	大2個
にんにく	1片
梅干し（白梅干し）	1個
自然塩	小さじ¼
サラダ油	大さじ½
薄口しょうゆ	少々

① 塩豚を作る。豚肩ロースに塩をまぶしてすり込み、冷蔵庫で30分～1時間おく。

② ①を食べやすい大きさに切る。

③ じゃがいもは皮をむいて半月切りにする。にんにくは半分に切って芯を取り除き、薄切りにする。

④ 梅干しは種を取って小さくちぎっておく。

⑤ フライパンに②を入れ（油はひかない）、まわりが白っぽくなり、焦げ目が付いたら裏返しにする。サラダ油、にんにく、じゃがいもを加え、炒める。

⑥ さらに梅干しも加え、よく炒める。

⑦ 味を見て足りないようなら、しょうゆを鍋肌にまわしかけ、炒める。

梅干しとゴーヤ、くずきりの和えもの

<u>2人分</u>

ゴーヤ	½本
くずきり	30g
梅干し（白梅干し）	大1個
自然塩	ふたつまみ
薄口しょうゆ	少々

① ゴーヤは縦半分に切って種とわたを取り、薄切りにしてボウルに入れる。塩でもんでしばらくおき、軽くしぼる。

② くずきりは水にしばらく浸し、沸騰した湯でゆでて透明になったらザルに上げ、氷水や流水にさらす（ゆで時間は袋の表示に従ってください）。

③ 梅干しは種を取って細かくちぎっておく。

④ ボウルにゴーヤ、くずきり、梅干しを入れてよく和え、しょうゆを加えてさらに和える。

梅干しほうじ茶

<u>1人分</u>

梅干し	½個
しょうが	少々
ほうじ茶	適量

耐熱のグラスや湯飲みに、種を取った梅干しとすりおろしたしょうがを入れ、ほうじ茶を注ぐ。

熱いうちに飲むと体が温まります。しょうゆを加えて番茶で飲むものを梅しょう番茶といいますが、梅干しほうじ茶はさらにやさしい味で、胃の弱い人におすすめです。

うどんを打つ

手打ちうどん

4人分

中力粉　・・・・・・・・・・・・・・・・・・　300g
自然塩　・・・・・・・・・・・・・・・・・・　小さじ2
水　　　・・・・・・・・・・・・・・・・・・　150〜160cc

くっつきやすいので、
生めん（ゆでる前）は保存に向きません。

うどんを打つ

1 ボウルに中力粉と塩を入れる。
2 全体をよく混ぜる。
3 水を少しずつ入れ、様子をみながらこねる（ほんの少しやわらかく感じる程度に）。

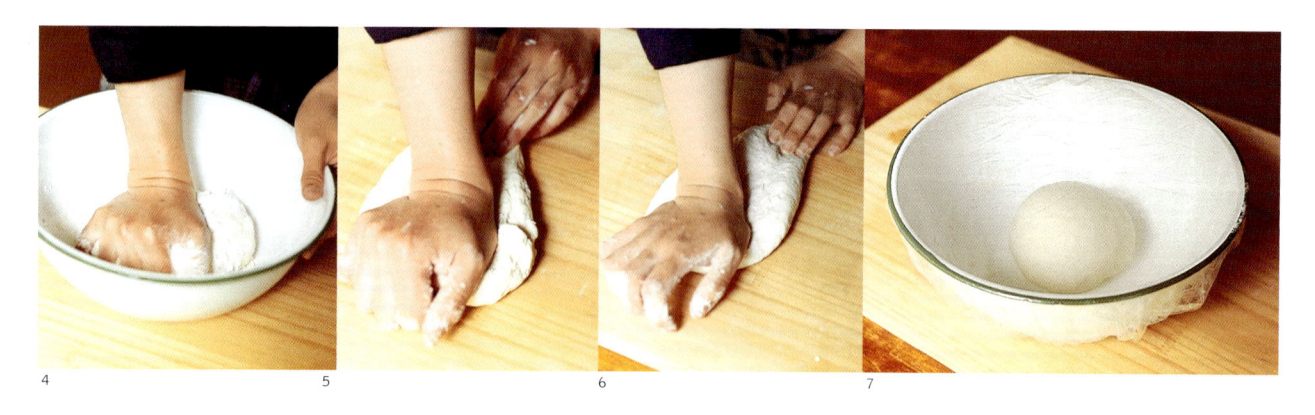

4 ボウルの中でひとつにまとめるようにこねる。
5 木の台に移してよくこねる。
6 つるつるになるまでこねる。
7 ボウルに入れてラップをかけ、30分くらい寝かせる。

8 多めの打ち粉（分量外）をして5mmの厚さにのばしていく。
9 のばした生地を折りたたむ（この時も打ち粉をふる）。
10 包丁で1cmくらいの太さに切っていく。
11 打ち粉（分量外）をしながら1本1本ほぐしていく。

12 大きめの鍋に湯を沸かし、うどんを入れて、さいばしでほぐす。ぶわっと沸騰してきたらさし水をする。
13 麺の両側がうっすらと透き通ってきたら出来上がり。
14 流水でうどんをひきしめる。

うどんのレシピ

めんつゆうどん

4人分

うどん　………… 39ページ全量
万能ねぎ　……… 適量
みょうが　……… 適量
めんつゆ（58ページ）‥ 適量
白すりごま　……… 適量

① めんつゆを器に入れ、少し水を加える。
② 万能ねぎは小口切り、みょうがは半分に切って薄切りにする。
③ ゆでたうどんを流水でひきしめ、ザルに上げる。
④ 好みの薬味を入れて食べる。

トマトダレうどん

4人分

うどん　……………… 39ページ全量
なす　………………… 4本
万能ねぎ　…………… 4本
サラダ油　…………… 大さじ1
自然塩　……………… ふたつまみ
めんつゆ（58ページ）…… 大さじ3
トマトダレ　………… 66ページ全量
にんにくチップ（104ページ）　4枚

① なすはヘタを取って縦半分にして斜め薄切りにする。さっと水にさらし、ザルに上げる。万能ねぎは小口切りにする。
② フライパンや中華鍋を熱し、サラダ油をひき、①のなすを入れて炒める。なすがしんなりしてきたら、塩、めんつゆを加え、さらに炒める。
③ 器にうどんを盛り付け、トマトダレと②のなすをのせて、にんにくチップをくだいてかけ、万能ねぎを散らす。

餃子の皮をつくる

餃子の皮

32枚分

強力粉 ……………… 250g
自然塩 ……………… ひとつまみ
サラダ油 …………… 小さじ1
湯 …………………… 150cc

強力粉はハルユタカブレンドを使うと、
なめらかに仕上がるのでおすすめです。

餃子の皮をつくる

1　ボウルに強力粉と塩、サラダ油を入れる。
2　全体を手でよくもみ込む。
3　両手のひらですりあわせるようにして混ぜる。
4　湯を加える。
5　さいばしでぐるぐると混ぜて粗熱を取る。

6　なめらかになるまで手でよくこねる。
7　板の上に移してさらにこねる。
8　ひとつにまとめる。
9　ボウルに入れてラップをし、30分〜1時間くらい寝かせる。

10　生地を¼本に切り分ける。
11　切り分けた生地の真ん中から外側に向かって、手でのばしていく。
12　8等分に切って分ける。

13　強力粉（分量外）をたっぷりまぶす。
14　生地を手のひらで押してつぶす。
15　少し平らになった生地をめん棒や手で直径6〜7cmくらいにのばす。
16　くっつきやすいので、たっぷりと強力粉（分量外）をまぶしておく。

餃子のレシピ

玉ねぎと豚肉の水餃子

ゆで汁スープ

ひじきとれんこんの揚げ餃子

玉ねぎと豚肉の水餃子

32個分

玉ねぎ	……………………	½個
しょうが	……………………	1片
餃子の皮（45ページ）	…………	32枚
酢じょうゆ、ポン酢（60ページ）など		
	……………………	適量

A	豚ひき肉	……………	170g
	卵黄	……………	1個分
	自然塩	……………	ひとつまみ
	きび砂糖	……………	ひとつまみ
	五香粉	……………	少々
	黒こしょう	…………	少々

① 玉ねぎと、皮をむいたしょうがをみじん切りにする。

② ボウルに①とAを入れ、粘り気が出るまでこねる。

③ 餃子の皮に具をのせて縁に水をつけ、軽くひっぱって半分に折り、口を閉じていく。

④ 深鍋にたっぷりの湯を沸かし、2〜3回に分けてゆでる。餃子が浮いてきたらひと呼吸おいて取り出し、器に盛り付ける。

⑤ 酢じょうゆ、ポン酢など、お好みのタレで食べる。

卵は全卵を使ってもいいです。

軽く引っぱりながら半分に折る。　餃子が浮いてきたら、ひと呼吸おく。

ゆで汁スープ

2〜3人分

長ねぎ	……………………	⅓本
ゆで汁	……………………	500cc
黒こしょう	………………	少々

A	薄口しょうゆ	…………	小さじ1
	自然塩	……………	ひとつまみ
	ナンプラー	…………	小さじ½

① 長ねぎを粗みじん切りにする。

② 鍋にゆで汁を入れ、中火にかける。

③ 沸騰したらAを加える。

④ 長ねぎを加え、少し煮る。

⑤ 器によそって、こしょうをひく。

◎焼き餃子を作る時は市販の皮を使い、パリパリとした食感を楽しみます。

①包む時は片方の皮の縁の部分に水をつけ、3本くらいのヒダをつける。
②フライパンにサラダ油大さじ½をひき、強火にかけ、餃子を並べる。水を餃子の高さ⅓くらいまで注ぎ、ふたをする。
③水分が飛んで、ジューッという音がしなくなったら出来上がり。

ひじきとれんこんの揚げ餃子

<u>32個分</u>

れんこん ・・・・・・・・・・・・ 140g
ひじきの炒め煮 ・・・・・・・ 50〜60g
餃子の皮（45ページ）・・・・・ 32枚
サラダ油 ・・・・・・・・・・・・ 小さじ1
自然塩 ・・・・・・・・・・・・・・ 少々
ポン酢（60ページ）・・・・・・・ 適量

① れんこんは皮をむき、大きいまま水にさっとさらす。水気をよくきってみじん切りにする。

② フライパンにサラダ油をひき、中火でれんこんを炒め、少ししてから塩を加えてさらに炒める。

③ れんこんが少し透き通ってきたらひじきの炒め煮を加え、炒める。

④ ③をバットに移して冷ます。

⑤ 餃子の皮のまわりに水をつけて三角包みにしていく。

⑥ サラダ油（分量外）を熱し、170〜180℃くらいでカラッと揚げる（中の具は火が通っているので、軽くキツネ色になるまで）。

⑦ 器に盛り付け、ポン酢で食べる。

手作りの皮を使う場合、半月型に包むと揚げている途中で中身が出てしまうことがあるので、必ず三角包みにしてください。

ひじきの炒め煮

<u>作りやすい量</u>

ひじき（生）・・・・・・・・・・・・ 150g
サラダ油 ・・・・・・・・・・・・ 大さじ½
みりん ・・・・・・・・・・・・・・ 大さじ1
砂糖 ・・・・・・・・・・・・・・・・ 大さじ½
自然塩 ・・・・・・・・・・・・・・ ひとつまみ
しょうゆ ・・・・・・・・・・・・ 大さじ1
白すりごま ・・・・・・・・・・ 大さじ1

① ひじきはさっと洗って、よく水気をきっておく。

② フライパンにサラダ油をひき、中火でひじきを炒める。

③ みりん、砂糖、塩、しょうゆの順に加え、水分を飛ばすようにして炒め煮にする。

④ 最後にごまを加えてさっと混ぜ、火を止める。

保存は冷蔵庫で1週間。乾燥ひじきを使う場合は、20gを水で戻して使ってください。

めんつゆ

ポン酢

黒糖しょうゆ

だし汁ゼリー

上海ダレ

トマトダレ

家で眠っている調味料を使って、
新しい味を見つける。

2．料理の素

【だし汁ゼリー】

作りやすい量

ゼラチン	1袋(5g)
水	300cc
酒	大さじ½
薄口しょうゆ	大さじ2
しょうゆ	大さじ½
顆粒かつおだし	小さじ½

① ゼラチンは大さじ1の水（分量外）でふやかしておく。

② 鍋に水、酒、薄口しょうゆ、しょうゆを入れて中火にかける。

③ 沸騰してきたら顆粒だしを入れ、とけたら火を止め、粗熱を取る。

④ ③に①のゼラチンを入れて、よく混ぜてとかす。

⑤ 保存容器に移し、冷めたら冷蔵庫で冷やし固める。

保存は冷蔵庫で1週間。水と顆粒だしの代わりに出汁をとって使ってもおいしく作れます。

だし汁ゼリーを使って…

おひたしレモン風味

おかひじきの和えもの

ゆずこしょうのサラダ

おひたしレモン風味

<u>2人分</u>

ゴーヤ ················ 1/3本
水菜 ················· 3株
レモン ················ 1/8個
自然塩 ················ ひとつまみ
だし汁ゼリー（54ページ）···· 適量
オリーブオイル ············ 適量

① ゴーヤは縦半分に切って種とわたを取り、5mmくらいの薄切りにする。

② 鍋に湯を沸かし、塩（分量外）を入れてゴーヤと水菜をさっとゆでる。

③ 冷水にひたし、ゴーヤと水菜をザルに上げ、軽くしぼる。水菜を3cmの長さに切る。

④ ボウルにゴーヤと水菜を入れ、塩を加えて軽く和える。

⑤ 器に盛ってだし汁ゼリーをスプーンでくずしながらかけ、オリーブオイルを回しかける。レモンをしぼって食べる。

おかひじきの和えもの

<u>2人分</u>

おくら ················ 10本
おかひじき ·············· 1袋
自然塩 ················ ひとつまみ
だし汁ゼリー（54ページ）···· 適量

① おくらはヘタの角をむき、おかひじきは固い部分だけ切っておく。

② 鍋に湯を沸かし、塩少々（分量外）を入れて、おくらとおかひじきをゆでる。

③ ゆで上がったらさっと流水にさらし、ザルに上げる。水気をきって食べやすい形に切る。

④ ③をボウルに入れて塩をまぶして和える。

⑤ だし汁ゼリーをスプーンでくずしながら入れ、さっと和える。

ゆずこしょうのサラダ

2〜3人分

白身魚の刺身（サクで）	70g
大葉	2枚
サニーレタス	大きめ2枚
きゅうり	½本
トマト	小1個
自然塩	ひとつまみ
サラダ油	小さじ1
だし汁ゼリー（54ページ）	適量
ゆずこしょうドレッシング	大さじ2

① 白身魚の刺身は塩をしてサラダ油をまぶし、冷蔵庫に30分〜1時間入れてマリネにしてから、そぎ切りにする。

② 大葉とサニーレタスは手でちぎる。きゅうりは縦半分に切って斜め切り、トマトは乱切りにする。

③ 器に②を入れ、だし汁ゼリーをスプーンでくずしながら加えて、さっと手で和える。

④ 白身魚をのせ、ゆずこしょうドレッシングを全体にかける。

ここでは真鯛を使いましたが、白身魚でなくても、たこやアジ、サーモン、貝の刺身にも合います。

ゆずこしょうドレッシング

作りやすい量

玉ねぎ	30g
酢	60cc
薄口しょうゆ	40cc
自然塩	小さじ⅓
ゆずこしょう	小さじ1
サラダ油	100cc

① 玉ねぎをすりおろしてボウルに入れ、酢、しょうゆ、塩、ゆずこしょうを入れて泡立て器などでよく混ぜる。

② サラダ油を少しずつ加え、泡立て器で混ぜる。

分離しやすいので、使う時によく混ぜてください。
保存は冷蔵庫で2週間。

【めんつゆ】

作りやすい量

昆布　………5cm長さ2枚
かつおぶし　‥軽くひとつかみ（13gくらい）
みりん　……100cc
しょうゆ　…100cc
水　…………1カップ

鍋に材料を全部入れて弱火にかけ、沸騰したら火を止めてしばらく置く。粗熱が取れたら漉し（軽くしぼる）、冷めてから保存ビンに移し替えて冷蔵庫で保存する。

保存は冷蔵庫で2〜3週間。

めんつゆを使って…

煮魚

ポン酢

おひたし

筑前煮風煮物

煮魚

2人分

金目鯛の切り身 ……… 2切
しょうが ……………… 1片
めんつゆ（58ページ）…… 大さじ4～5
水 ……………………… 300cc
自然塩 ………………… ひとつまみ

① 鍋にめんつゆ、水を入れて中火にかけ、沸騰したら塩を加える。
② 切り身の皮の部分に切れ目を入れて①の鍋に入れ、落としぶたをして8～12分くらい煮る。
③ 器に盛り付け、皮をむいてせん切りにしたしょうがをのせる。

ポン酢

作りやすい量

めんつゆ（58ページ）……… 300～350cc
かぼす（ゆず）のしぼり汁 … 3個分

① 鍋にめんつゆ、かぼすなどのしぼり汁を入れ、中弱火にかける。
② 沸騰したら火を止める。
③ 冷めてから保存ビンに移し、冷蔵庫で保存。

保存は冷蔵庫で3か月。

おひたし

2人分

つるむらさき ……………… 1袋（200g）
めんつゆ（58ページ）……… 適量
かつおぶし ………………… 適量

① ボウルにつるむらさきを入れ、水をひたひたになるくらい加えてしばらく浸し、シャキッとさせる。
② 鍋に湯を沸かし、塩（分量外）を加え、茎の方から入れてゆでる。
③ 冷水にさらして軽くしぼり、3～5cmの長さに切る。
④ 器に盛り付け、めんつゆ、かつおぶしをかける。

筑前煮風煮物

4人分

鶏もも肉	1枚（200g）
里芋	小5〜8個（250g）
こんにゃく	½枚
にんじん	小1本
れんこん	200g
万能ねぎ	適量
ごま油	大さじ1
めんつゆ（58ページ）	大さじ3
みりん	大さじ1
自然塩	少々

① 鶏肉はひと口大に切る。

② 里芋は皮をむいてボウルに入れ、塩（分量外）を加えてぬめりを取り、水洗いしてザルに上げておく。

③ こんにゃくは下ゆでして、手で食べやすい大きさにちぎる。

④ にんじん、れんこんは皮をむいて乱切りにする。

⑤ 鍋にごま油を入れ、中火にかけて鶏肉、にんじん、れんこん、こんにゃく、里芋の順に油をからませるように炒める。

⑥ ひたひたになるように水を入れ、めんつゆ、みりんを加えて、火を少し弱めて煮ていく。

⑦ 煮汁が減ってきたら、塩を加えて味を調える。

⑧ 煮汁が半分以下になって里芋に火が通ったら、火を止めて30分くらい置いておく。

⑨ 食べる時に温め直し、器に盛って小口切りにした万能ねぎを散らす。

【黒糖しょうゆ】

作りやすい量

しょうゆ ・・・・・・・・・・・・・・・ 150cc
黒糖 ・・・・・・・・・・・・・・・・・・ 80〜100g

保存ビンにしょうゆと黒糖を入れ、ふたをしてとけるのを待つ。ときどきビンを振るとよい。

ブロック状の黒糖を使う場合は、完全にとけるのに1日ほどかかります。保存は冷蔵庫で2か月。

黒糖しょうゆを使って…

肉じゃが風炒めもの

豚肉のしょうが焼き

煮卵

奄美の黒ごまスペアリブ

肉じゃが風炒めもの

<u>3〜4人分</u>

豚もも肉スライス ……… 170g
にんじん ……… 1本
じゃがいも ……… 大2個
玉ねぎ ……… ½個
万能ねぎ ……… 2本
サラダ油 ……… 小さじ2
黒糖しょうゆ（62ページ）…… 大さじ2
水 ……… 大さじ2〜3

① 豚もも肉は食べやすい大きさに切る。にんじんとじゃがいもは皮をむいて大きめのせん切り。玉ねぎは薄切りにしておく。

② フライパンを中火にかけ、サラダ油をひき、玉ねぎを炒める。

③ 豚肉を加えて炒め、半分くらい火が通ったらにんじん、じゃがいもを入れて油をからめるように炒める。

④ 黒糖しょうゆを加えて全体にからめ、水を加えてさらに炒める。

⑤ にんじんとじゃがいもに火が通ったら器に盛り付け、小口切りにした万能ねぎを散らす。

にんじんとじゃがいもに火が通りにくく固い時は、もう一度水を大さじ1くらい入れて水分を飛ばすように炒めます。

豚肉のしょうが焼き

<u>2人分</u>

豚こま切れ肉 ……… 200g
しょうが ……… 1片
黒糖しょうゆ（62ページ）…… 大さじ2
サラダ油 ……… 大さじ½〜1

① しょうがは皮をむいてすりおろす。

② ボウルに豚肉を入れ、しょうが、黒糖しょうゆを加え、よく和える。ラップをして冷蔵庫で10分〜1時間置く。

③ フライパンを熱してサラダ油をひき、②の豚肉を入れて強火で炒める。

時間がある時は1時間漬け込むとよりやわらかく仕上がりますが、よくもみこめば10分でも十分おいしくできます。

煮卵

作りやすい量

卵	……………………	4個
酢	……………………	少々
A	黒糖しょうゆ（62ページ） ‥	大さじ2
	オイスターソース ………	大さじ1
	酒 …………………	大さじ1
	水 …………………	150cc
	ナンプラー …………	小さじ2

① 半熟ゆで卵を作る。鍋に卵とかぶるくらいの水と酢を入れ、水からゆでて約11分（沸騰してから約6分）。

② 鍋にAと殻をむいた卵を入れ、中弱火にかける。沸騰したらすぐに火を止める。

③ 煮汁ごと保存容器に入れて、冷めてから冷蔵庫で保存する。

保存は冷蔵庫で3〜5日間。

奄美の黒ごまスペアリブ

4人分

豚スペアリブ	……………	320g
にんにく	…………………	2片
しょうが	…………………	2片
大葉	……………………	5枚
紅しょうが	………………	適量
すだち	……………………	1個
A	黒すりごま …………	大さじ8
	味噌 ………………	大さじ2
	みりん ……………	大さじ1
	黒糖しょうゆ（62ページ） ‥	大さじ3

① すり鉢に、にんにくと皮をむいたしょうがを薄切りにして入れ、すりこぎでつぶす。

② ①にAを加え、よく混ぜる。

③ ②にキッチンペーパーで水気をとったスペアリブを加え、よく和える。ビニール袋や保存容器に移し、ひと晩漬け込む。

④ 天板にアルミホイルを敷き、③を漬けだれごと入れる。180℃に温めたオーブンで30分くらい焼く。竹串をさして、芯まで熱くなっていたら焼き上がり。

⑤ 器に盛り付けてせん切りにした大葉をのせ、紅しょうが、すだちを添える。

黒ごまが焦げやすいので、30分以上焼く時や温め直す時は、上からアルミホイルをかけてください。

【 ト マ ト ダ レ 】

作りやすい量

ミニトマト（少し大きめのもの）
　　　　　　　　　………………… 1パック

A　自然塩　………… ひとつまみ
　　ナンプラー　……… 小さじ1
　　オリーブオイル　…… 大さじ1と1/2

ミニトマトは洗って水気をとり、乱切りにする。ボウルに入れ、Aを加えて和える。

保存は冷蔵庫で3日間。

トマトダレを使って…

干物の揚げ焼き トマトダレがけ

トマトのパスタ

白身魚のサラダ

干物の揚げ焼き トマトダレがけ

2人分

干物（アジ、かます）……… 2枚
大葉 …………………… 5枚
サラダ油 ……………… 大さじ2〜3
トマトダレ（66ページ）…… 適量

① フライパンを熱してサラダ油をひき、中弱火で干ものを両面がカリカリになるまで揚げ焼きにする。

② 器に盛り付け、トマトダレをかけてせん切りにした大葉をのせる。

トマトのパスタ

1人分

スパゲッティ …………… 80〜100g
パルミジャーノチーズ …… 適量
オリーブ油 …………… 大さじ½
トマトダレ ……………… 66ページの½量
自然塩 ………………… 少々
黒こしょう ……………… 少々

① 深鍋に湯を沸かし、塩（分量外）を加え、スパゲッティをゆでる。

② フライパンを熱し、オリーブ油を入れてスパゲッティを炒める。

③ トマトダレと塩を加え、炒めながら、ゆで汁を少量加える。

④ 器に盛ってすりおろしたチーズをかけ、こしょうをひく。

白身魚のサラダ

2人分

めかじき（切り身）……… 2枚
玉ねぎ ………………… ¼個
クレソン ……………… 2束
自然塩 ………………… ひとつまみ
黒こしょう ……………… 少々
薄力粉 ………………… 適量
サラダ油 ……………… 大さじ1と½
トマトダレ（66ページ）…… 適量

① 玉ねぎは薄切りにして水にさらし、ザルに上げ、水気をきる。クレソンは水にしばらくつけてからザルに上げ、水気をきってざく切りにし、玉ねぎと混ぜておく。

② めかじきに塩、こしょうして少し置き、大きめのさいの目切りにする。薄力粉をまぶす。

③ フライパンを熱してサラダ油をひき、中火で②のめかじきを焼く。

④ 器に①を盛り付け、③のめかじきをおいて、トマトダレをかける。

【上海ダレ】

作りやすい量

XO醬	20g
ナンプラー	大さじ2
オイスターソース	大さじ2
紹興酒	40cc
ごま油	小さじ2

保存ビンなどに材料すべてを入れ、スプーンでよくかき混ぜる。

保存は冷蔵庫で2か月。

上海ダレを使って…

和え麺

あさりの炒めもの

青菜炒め

和え麺

1～2人分

中華平麺	……………	1袋
煮卵（65ページ）	………	1個
長ねぎ（白いところ）	……	½本分
香菜	………………	1茎
上海ダレ（69ページ）	……	大さじ1
紹興酒	………………	小さじ1
ごま油	………………	少々
にんにくチップ（104ページ）	‥	2枚
豆板醤	………………	少々

① 麺はそのままだと長いので、袋ごと半分に切っておく。

② 煮卵を作っておく（ゆで卵でもいい）。

③ 長ねぎで白髪ねぎを作り、水にさらしてザルに上げておく。香菜はざく切りに。

④ 小鍋に上海ダレと紹興酒を合わせておく。

⑤ 鍋に湯を沸かし、ごま油を加えて中華麺をゆでる。ゆで上がったらザルに移して水気をよくきる。

⑥ ④の小鍋を中弱火にかける。

⑦ 器に中華麺を入れ、白髪ねぎ、煮卵、香菜をのせて⑥のタレをまわしかける。にんにくチップを手でくだいて入れ、豆板醤を添える。よく混ぜてから食べる。

麺は少し固めにゆでた方がおいしいです。

あさりの炒めもの

2～3人分

あさり	……………	400g
もやし	……………	½パック
万能ねぎ	……………	2本
サラダ油	……………	大さじ½～1
上海ダレ（69ページ）	……	大さじ2

① 中華鍋を中火にかけて熱してからサラダ油をひき、油がはねないように、あさりをやさしく入れる。

② すぐにふたをし、少ししたら上海ダレを加える。

③ あさりの口が半分開いたらふたを取って強火にし、もやしを入れてさらに炒める。

④ 器に盛り付け、小口切りにした万能ねぎを散らす。

青菜炒め

2人分

小松菜	……………	3株
空芯菜	……………	1袋
ごま油	……………	大さじ1
上海ダレ（69ページ）	……	大さじ1

① 小松菜と空芯菜を洗い、5cmくらいの長さに切る。ザルに上げて水気をきっておく。

② 中華鍋を強火にかけ、熱してからごま油をひく。

③ 小松菜を入れて炒め、空芯菜を入れ、上海ダレを加えてさらに炒めていく。空芯菜がしんなりしてきたら出来上がり。

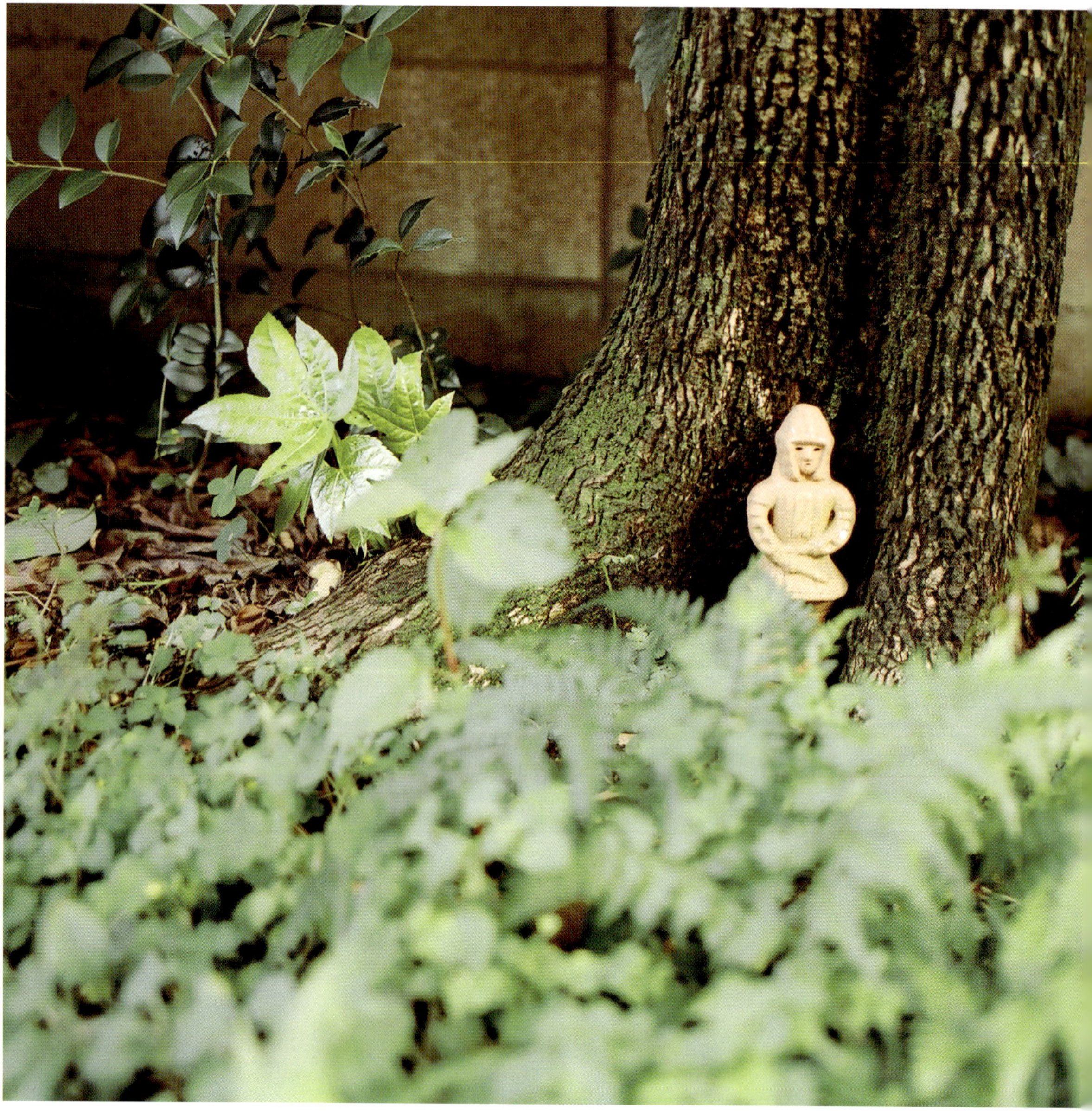

手間をかけたり、かけなかったり。

3. いつものおかず

肉と魚の料理

いろんな国の豚角

左・中華風
上・ベトナム風
右・沖縄風

中華風豚角

作りやすい量

豚バラブロック	……………	600g
しょうが	……………	1片
鷹の爪	……………	1本
長ねぎ（白いところ）	………	適量
自然塩	……………	ひとつまみ

A
- 長ねぎ（青いところ） …… 1本分
- 八角 …………… ½片
- シナモンスティック …… ½本
- 紹興酒 …………… 100cc
- 砂糖 …………… 大さじ½
- しょうゆ …………… 50cc
- オイスターソース …… 大さじ1

① 深鍋で、豚肉をそのままの大きさで水から下ゆでする。沸騰したらゆでこぼし、水洗いしてキッチンペーパーで水気をふいておく。

② ①の豚角を縦半分に細長く切り、フライパンを熱し、表面に焼き色をつける。

③ しょうがは大きめにスライスし、鷹の爪は種を取っておく。

④ 深鍋に②、③とAを入れてかぶるくらいの水を加え、中強火にかける。

⑤ 沸騰してアクが出たら弱火にしてすくい、1時間くらい煮ていく。

ベトナム風豚角

作りやすい量

豚バラブロック	……………	600g
しょうが	……………	1片
にんにく	……………	1片
香菜	……………	適量
ニョクチャム（101ページ） ……		適宜
自然塩	……………	ひとつまみ

A
- 干しえび …………… 8個
- 黒こしょう（粒） ……… ひとつまみ
- ナンプラー …………… 大さじ3
- 酒 …………… 100cc
- 砂糖 …………… 大さじ1
- オイスターソース …… 大さじ1
- 香菜の根 …………… 1株

① 深鍋で、豚肉をそのままの大きさで水から下ゆでする。沸騰したらゆでこぼし、水洗いしてキッチンペーパーで水気をふいて5cm幅のぶつ切りにする。

② しょうがは半分に切り、にんにくは半分に切って芯を取り、包丁の腹でつぶす。

③ 深鍋に①、②とAを入れてかぶるくらいの水を加え、中強火にかける。

④ 沸騰してアクが出たら弱火にしてすくい、1時間くらい煮ていく。

⑥ 全体に油が浮いてきたら、火を止めてしばらく（2時間くらい）そのままにしておく。

⑦ また弱火にかけ、塩を加えて30分〜1時間煮ていく。

⑧ 長ねぎで白髪ねぎを作り、水にさらしてザルに上げておく。

⑨ 食べる時に肉を取り出し、中華鍋に煮汁を入れて中強火で煮詰めていく。煮汁がとろりとしてきたら、肉を戻してからめる。

⑩ 器に盛り付け、白髪ねぎをのせる。

⑤ 全体に油が浮いてきたら、火を止めてしばらく（2時間くらい）そのままにしておく。

⑥ また弱火にかけ、塩を加えて30分〜1時間煮ていく。

⑦ 器に盛り付け、ざく切りにした香菜をのせる。お好みでニョクチャムを添えて。

残った煮汁で冬瓜や大根を煮たり、水を加えてうどんなどを煮てもおいしいです。

沖縄風豚角

作りやすい量

豚バラブロック ………… 600g
ゴーヤ ………… 5cm
かつおぶし ………… 3g
昆布 ………… 5cm長さ1枚

A　しょうゆ ………… 大さじ1
　　薄口しょうゆ ………… 大さじ2と½
　　きび砂糖 ………… 小さじ½
　　みりん ………… 大さじ1

① 深鍋で、豚肉をそのままの大きさで水から下ゆでする。沸騰したらゆでこぼし、水洗いしてキッチンペーパーで水気をふいて3cm幅のぶつ切りにする。

② 深鍋に①とAを入れてかぶるくらいの水を加え、中弱火にかける。

③ 沸騰してアクが出たら弱火にしてすくい、かつおぶしと昆布を加えて1時間ぐらい煮込んでいく。

④ 全体に油が浮いてきたら、火を止めてしばらく（2時間くらい）そのままにしておく。

⑤ また弱火にかけて30分〜1時間煮ていく。

⑥ ゴーヤを薄切りにし、塩少々（分量外）で塩もみする。

⑦ 器に盛り付け、⑥のゴーヤをのせる。

鶏もも肉のベトナムこってり玉ねぎソース　　　　　砂肝のさっぱりゆで

砂肝の香港煮

鶏もも肉の
ベトナムこってり玉ねぎソース

<u>2〜3人分</u>

鶏もも肉 ……………… 1枚
玉ねぎ ………………… 2個
フランスパン ………… 1/3本
香菜 …………………… 適量
レモン ………………… 適量
サラダ油 ……………… 大さじ1
マヨネーズ …………… 適量

A　にんにくオイル（104ページ）
　　　　　　　………… 大さじ1
　　青とうがらし ……… 1本
　　ナンプラー ………… 大さじ1/2
　　黒こしょう ………… 5粒
　　はちみつ …………… 小さじ1

① 鶏肉はひと口大の大きさに切っておく。

② 青とうがらしはみじん切り、こしょうはつぶし、Aの材料すべてをボウルに入れて混ぜ、①の鶏肉を入れてよくもみこむ。

③ 玉ねぎは薄切りにする。フライパンを熱してサラダ油をひき、火加減を調節しながら、茶色になるまでじっくり炒め、こがし玉ねぎを作る。

④ 冷めた③を②に加え混ぜ、ひと口大に切ったフランスパンも加え、アルミホイルを敷いた天版にのせて180〜200℃のオーブンで15〜20分くらい焼く。竹串でさして透明な汁が出てきたら出来上がり。

⑤ 器に盛り付け、マヨネーズをかけて、ざく切りにした香菜とレモンを添える。

マヨネーズ

<u>作りやすい量</u>

A　卵黄 ………………… 1個
　　酢 …………………… 大さじ1
　　自然塩 ……………… 小さじ1/3弱
　　ねりがらし ………… 小さじ1/4弱

サラダ油 ……………… 大さじ5
黒こしょう …………… 少々

① ボウルにAを入れて泡立て器でよく混ぜ、サラダ油を大さじで少しずつ加えて好みの固さに仕上げる。

② こしょうをひく。

保存は冷蔵庫で1週間。

砂肝のさっぱりゆで

2〜3人分

砂肝	200g
貝割れ大根	⅓パック
大葉	3枚
酒	大さじ2
ポン酢（60ページ）	大さじ3〜4
白いりごま	大さじ1と½

① 砂肝は固いすじを取っておく。

② 鍋で湯を沸騰させて酒を加え、かたまりのまま砂肝を強火で5〜6分ゆでる。切った時に中がうっすらピンク色の状態になったらザルに上げる。

③ 貝割れ大根は半分に、大葉はせん切りにする。

④ ボウルにポン酢とごまを入れて混ぜる。

⑤ 砂肝をスライスして④に加える。

⑥ 器に盛り、貝割れ大根と大葉をのせる。

保存は冷蔵庫で2〜3日間。

砂肝の香港煮

作りやすい量

砂肝	400g
しょうが	20g
にんにく	1片
長ねぎ（白いところ）	適量
香菜	適量
八角	½個
山椒（粒）	小さじ½

A	長ねぎ（青いところ）	1本分
	しょうゆ	60cc
	紹興酒	100cc
	オイスターソース	大さじ2

① 砂肝は固いすじを取って4つに切っておく。しょうがは4つに切り、にんにくは半分に切って芯を取り、包丁の腹でつぶす。

② 鍋に①とAを入れ、水をかぶるくらい入れて火にかける。沸騰したらアクをとってごく弱火にして八角、山椒を加え、1時間ほど静かに煮ていく。全体に油が浮いてきたら出来上がり。

③ 長ねぎで白髪ねぎを作り、水にさらしてザルに上げておく。香菜はざく切りにする。

④ 器に盛り付け、白髪ねぎと香菜をのせる。

保存は冷蔵庫で3日間。

八角・山椒は後から加えて、表面が動かないくらいの弱火で煮る。

ベトナム風オイルサーディン

作りやすい量

いわし	……………	4匹
セロリ（葉も使う）	………	適量
香菜（大葉）	………	適量
サラダ油	…………	適量
マヨネーズ（80ページ）	……	適量
A　酒	…………	大さじ1
水	…………	200〜250cc
自然塩	…………	ふたつまみ
黒こしょう	…………	15粒

［タレ］
レモン汁	…………	1個分（45cc）
ナンプラー	…………	50cc
おろしにんにく	…………	½片分

① いわしはうろこと頭を取って腹に切り目を入れ、わたを取り除く。流水で骨についている血を洗ってきれいにし、キッチンペーパーで水気をふく。

② 鍋にAを入れて強火にかけ、沸騰したらいわしを入れ、落としぶたをして中強火で約10分煮る。

③ ②のいわしを温かいうちに保存容器に入れ、サラダ油をいわしがひたるくらい注ぐ。冷めたら冷蔵庫へ。

④ タレの材料を混ぜておく。

⑤ いわしを器に盛り付け、ざく切りにしたセロリと香菜（大葉）をのせ、マヨネーズとタレを適量かける。

さんまでもおいしく作れます。水の代わりに鶏ガラスープで煮るとコクが出ておいしいです。保存は冷蔵庫で3〜5日間（タレの保存は冷蔵庫で1か月）。

魚がかぶるくらいにサラダ油を加えて保存。

出汁と塩の煮魚

2人分

季節の魚（めばる）	…………	1匹
タイム	…………	5茎
かつおぶしと昆布の出汁	……	300cc
自然塩	…………	小さじ½

① めばるはうろこを取り、わたも除いて水で洗い流し、身の部分に切れ目を入れておく。

② 鍋に出汁と塩を入れて強火にかけ、煮立ったら魚を入れ、落としぶたをして中火で約10分煮る。

③ 最後にタイムを加え、ほんの少し煮て火を止める。

カンタンおかず

水菜とトマトのサラダ

切り干し大根の炒めもの

れんこんのきんぴら

かぶと油揚げの炒めもの

こんにゃくマリネ

にんじん、いんげんのごまあえ

水菜とトマトのサラダ

<u>2人分</u>

水菜　……………………　3株
ミニトマト　……………………　8〜10個
自然塩　……………………　ひとつまみ
酢　……………………　小さじ1
薄口しょうゆ　……………………　少々
サラダ油（オリーブオイル）　……　大さじ½

① 水菜は洗って水気をきり、ざく切りにする。

② ミニトマトは洗ってから半分に切っておく。

③ ボウルに①と②を入れて塩、酢、しょうゆを加えてさっと和え、最後にサラダ油を加えて和える。

切り干し大根の炒めもの

<u>2人分</u>

切り干し大根　…………　30g
干しえび　……………………　大さじ2
酒　……………………　大さじ1と½
サラダ油　……………………　大さじ½
自然塩　……………………　ひとつまみ
ナンプラー　……………………　小さじ1

① 干しえびを酒につけて戻しておく。

② 切り干し大根を水につけて戻し、しっかりとしぼっておく。長ければ、食べやすい長さに切る。

③ フライパンにサラダ油をひき、切り干し大根を入れて中火で炒める。

④ 干しえび（酒につけた汁ごと）を加え、塩、ナンプラーで味を調え、水分を飛ばすように炒める。

れんこんのきんぴら

<u>2人分</u>

れんこん　……………………　1個（250〜270g）
食べられる煮干し　………　ひとつかみ（10gくらい）
サラダ油　……………………　大さじ1
みりん　……………………　大さじ1
自然塩　……………………　ふたつまみ
薄口しょうゆ　……………………　小さじ1

① れんこんは皮をむいて、大きい場合は半分に切ってから5mmくらいの厚さに切る。さっと水にひたしてザルに上げ、水気をきる。

② フライパンにサラダ油をひき、れんこんを入れて中火で炒める。

③ れんこんが透明になってきたら、みりん、塩を加え、さらに炒める。

④ 煮干しを加えて炒め、最後にしょうゆをまわし入れる。

こんにゃくマリネ

作りやすい量

こんにゃく	………………	1枚（400g）
長ねぎ（白いところ）	………	適量
大葉	………………	適量
A　自然塩	………………	小さじ1/3
酢	………………	大さじ2
薄口しょうゆ	………	小さじ1
サラダ油	………………	大さじ1

① 鍋にこんにゃくとかぶるくらいの水を入れ、中火にかける。沸騰してから5～10分ゆでる。

② ①のこんにゃくを取り出し、氷水につけて粗熱を取る（冷水で流しながら冷やしてもよい）。

③ ボウルにAを入れ、混ぜ合わせる。

④ こんにゃくの水気をキッチンペーパーでふいてから薄切りにして③に入れ、半日ほど漬け込む。

⑤ 長ねぎで白髪ねぎを作り、水にさらしてザルに上げておく。大葉はせん切りにする。

⑥ ④を器に盛り付け、白髪ねぎと大葉をのせる。

保存は冷蔵庫で3日間。

かぶと油揚げの炒めもの

2人分

かぶ	………………	小3個
油揚げ	………………	1枚
自然塩	………………	ふたつまみ
ごま油	………………	小さじ1

① かぶは皮付きのまま半分に切ってから薄切り。油揚げは縦半分に切ってから1cm幅に切る。

② フライパンで油揚げをから炒りして焦げ目がついたらかぶを入れ、塩も加えてさらに炒める。

③ かぶがすき通ってきたらごま油を鍋肌からまわし入れる。

にんじん、いんげんのごまあえ

2人分

にんじん	………………	大1/2本
いんげん	………………	1パック
自然塩	………………	ふたつまみ
白すりごま	………………	大さじ2
サラダ油	………………	少々

① にんじんは皮付きのままでせん切りにし、塩ひとつまみして、水が出てきたら軽くしぼる。

② いんげんはヘタを切り落として半分に切る。ゆでて、さっと冷水に通してからボウルに入れ、残りの塩を加えてよく和える。

③ ②ににんじんと白すりごまを加えて和える。最後にサラダ油を加え、さっと和える。

冬のおたのしみ

おでん

かきと里いもの和風グラタン

おでん

4人分

牛すじ	…………………	400g
じゃがいも（メークイン）	……	小4個
ゆで卵	…………………	4個
こんにゃく	…………………	1枚
大根	…………………	½本
にんじん	…………………	½本
ちくわぶ	…………………	1袋
はんぺん	…………………	1袋
酒	…………………	50cc
煮干し	…………………	大3匹
昆布	…………………	5cm長さ1枚
薄口しょうゆ	…………………	50cc
しょうゆ	…………………	大さじ3
自然塩	…………………	小さじ⅔
しょうが味噌（19ページ）	……	適宜

① 牛すじを鍋に入れ、水から強火にかけて下ゆでする。沸騰してアクが出たらザルにあけ、水洗いする。食べやすい大きさに切って竹串にさしていく。

② じゃがいもを下ゆでして（30分くらい）皮をむいておく。

③ ゆで卵を作っておく。

④ こんにゃくを下ゆでして四角に切っておく。

⑤ 大根は皮をむいて輪切りにし、面取りする。にんじんは皮をむいて4等分に、ちくわぶは輪切り、はんぺんは4等分に切る。

⑥ 大きめの鍋に牛すじ、大根、にんじん、酒とかぶるくらいの水、頭とわたを取り除いた煮干し、昆布を入れて静かにコトコト煮ていく。

⑦ 1時間後に薄口しょうゆ、しょうゆを加え、こんにゃく、じゃがいも、ちくわぶ、ゆで卵を加え、さらに煮ていく。途中、水分が少なくなったら適宜、水を加える。

⑧ 牛すじがやわらかくトロトロになったら塩を加えて味を調え、はんぺんを加えて煮る。

⑨ 器に盛り付け、お好みでしょうが味噌を添える。

牛すじは①の段階で冷凍保存することもできます。翌日残ったおでんは、カレー粉を加えてもおいしく食べられます。

かきと里いもの和風グラタン

2〜4人分

里芋	小さめ5個（250g）
かき	1パック
万能ねぎ	適量
サラダ油	適量
塩、黒こしょう	各少々
片栗粉	適量

［和風ソース］

卵黄	1個分
薄口しょうゆ	小さじ2
酒	小さじ1
味噌	大さじ1
サラダ油	大さじ3〜4
ごま油	少々
ゆずの皮	¼個

① 和風ソースを作る。マヨネーズを作るように、ボウルに卵黄を入れ、材料順に調味料を加えて泡立て器で混ぜていく。最後にせん切りにしたゆずの皮を混ぜる。

② 里芋は洗って皮付きのまま蒸し、やわらかくなったら皮をむいて輪切りにする。フライパンにサラダ油少々をひいて軽く炒め、塩、こしょうをする。

③ かきは塩と片栗粉（分量外）でよくもみ、水洗いしてザルに上げ、キッチンペーパーでよく水気を取る。

④ かきに片栗粉をまぶし、サラダ油で油通しする。

⑤ 耐熱皿に里芋、かきの順に入れ、上から和風ソースを大さじ3〜4かける。

⑥ 220℃に温めたオーブンで10〜15分焼く。

⑦ 小口切りにした万能ねぎを散らす。

和風ソースの保存は冷蔵庫で5日間。ゆでたじゃがいもやれんこんにかけて焼いてもおいしいです。

コーカサス風　塩豚とキャベツのスープ煮

広見さんちの湯豆腐

コーカサス風 塩豚とキャベツのスープ煮

4人分

豚肩ロース	350g
押し麦	大さじ3
玉ねぎ	大½個
キャベツ	½個
香菜	適量
ミント	適量
ローリエ	1枚
白ワイン	50cc
水	1ℓ
バター	10g
ヨーグルト	大さじ3〜4
自然塩	大さじ½
黒こしょう	少々

① 塩豚を作る。豚肩ロースに塩をまぶしてすり込み、ラップに包んで密封し、冷蔵庫で3日間寝かせる。

② 鍋に湯を沸かし、押し麦が少し透き通ってくるまで5〜10分ゆで、ザルに上げておく。

③ ①の塩豚を水で洗い、鍋に塩豚、玉ねぎ(丸ごと)、ローリエ、白ワイン、水を入れて強火にかけ、アクが出てきたらよくすくい取って、弱火で静かに煮ていく。

④ 40分くらいたったら肉を取り出して少し大きめの食べやすい大きさに切る。

⑤ ④を鍋に戻し、またアクが出てくるのでこまめに取る。

⑥ キャベツをざく切りにし、⑤の鍋に入れてふたをして弱火で15〜20分煮る。

⑦ ②の押し麦を加えて再度沸騰したらバター、ヨーグルトを加える。味を見て足りないようなら塩(分量外)を加える。

⑧ 器に盛り付け、こしょうをひき、ざく切りにした香菜、ミントをのせる。

丸ごと煮ていく。

またアクが出てくるので取る。

切ると中はピンク色。

広見さんちの湯豆腐

2〜4人分

木綿豆腐	…………	1丁
絹ごし豆腐	…………	1丁
水菜	…………	½束
水	…………	6カップ
重曹	…………	小さじ½
ポン酢（60ページ）	………	適量

① 土鍋に水と重曹を入れ、火にかける。

② 沸騰してきたら食べやすい大きさに切った豆腐を入れる。

③ ゆっくり豆腐がとけていくのを、ポン酢をつけていただく。豆腐がなくなってから、5cmの長さに切った水菜をしゃぶしゃぶして食べる。

友人で、福岡出身の広見さんちの定番メニュー。重曹を使ったら、いつか食べたいと思っていた温泉豆腐が簡単に作れました。重曹を入れすぎると苦みが出てくるので注意してください。水の代わりに昆布出汁では作れません。また、必ず土鍋やホーローの鍋を使ってください。水菜を入れると、とけて煮汁が緑色になってきます。あとから豚肉をしゃぶしゃぶしてもおいしいです。

ポン酢をかけて。

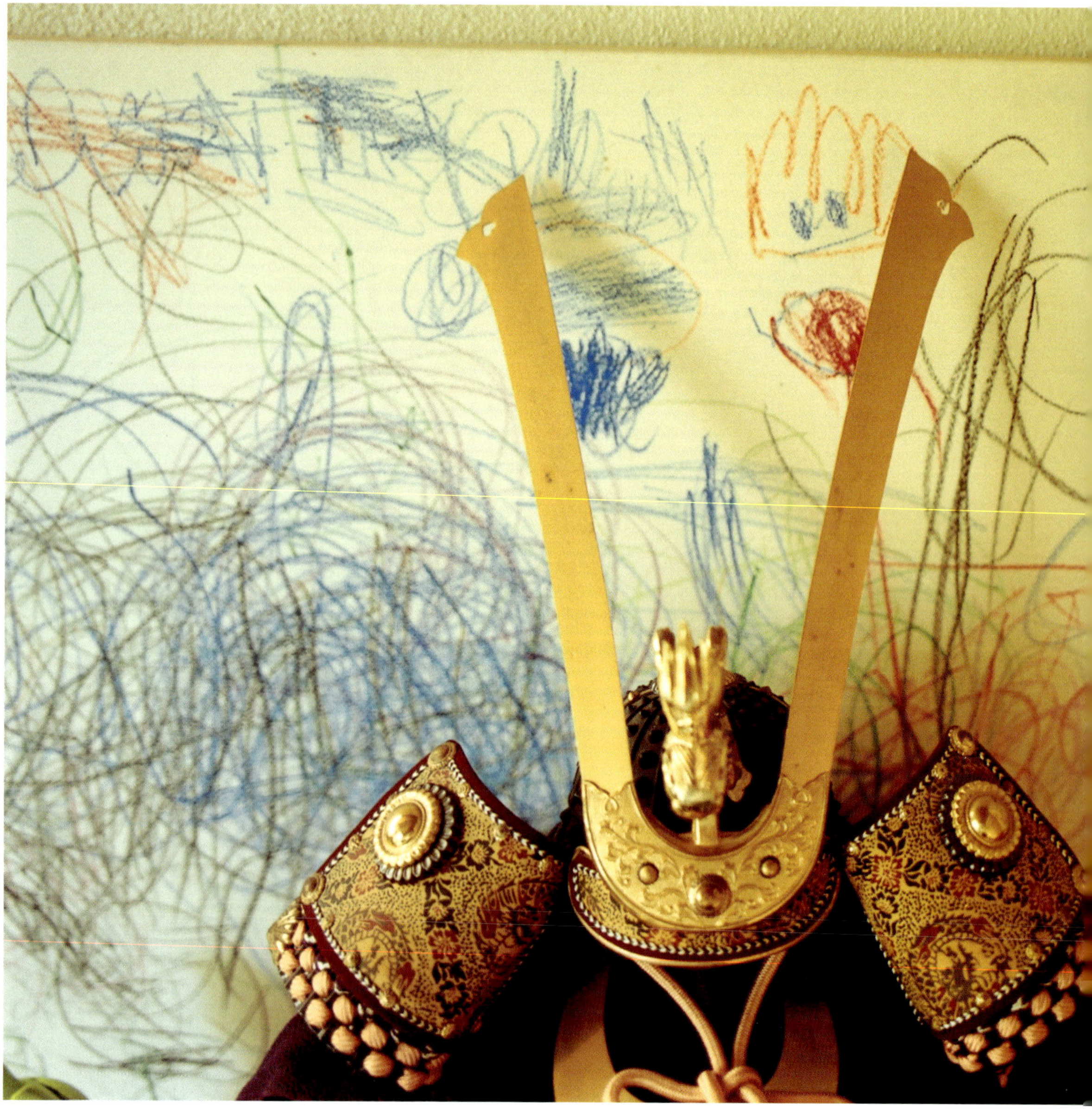

お腹がすいていなくても、
おかわりしたくなるのです。

4．Kuu Kuu のまかない

Kuu Kuu のこと

Kuu Kuu は2003年に閉店するまで東京・吉祥寺にあった、高山なおみさんがシェフをつとめていたレストランです。
思い出すと、いつもにんにくやスパイスの匂いがして、地下にあったせいか空気がしっとりして、どこか異国に来たような、そんな雰囲気があるお店でした。
もう今は食べに行けない Kuu Kuu のごはんが、ときどき無性に食べたくなります。
それも、お店で食べていた時は飽き飽きしていたメニューやまかないを食べたいなあと思うのです。
なので、この本にはそんな Kuu Kuu メニューを載せました。Kuu Kuu のレシピは私の中ではいつまでもお袋の味のようなものだから、これからも大切に作り続けていきたいと思っているのです。

ニョクチャム

Kuu Kuuのメニューの中では脇役ですが、私にとっては一番好きなものでした。最初は辛くなかったけど、ある時から辛くなった、ベトナムにもない Kuu Kuuだけの漬け物です。→ p.100

目玉焼きサンド

ニョクチャムメニュー①。まかないではないけれど、最近のお気に入り朝ごはん。
→ p.102

まかない卵かけごはん

ニョクチャムメニュー②。急いでいる時のまかないめし。お腹がすいていなくても、おかわりしたくなるのです。→ p.103

Kuu Kuuの汁ビーフン

ニョクチャムメニュー③。Kuu Kuuでも人気のランチメニューでした。ニョクチャムをのせるとどこにもない味に。→ p.103

ラタトゥユグラタン

ラタトゥユは、まかないでもっとも多く出たもののひとつです。メニューにもあったグラタンにすると、ラタトゥユの酸味がマイルドになってとてもおいしいのです。
→ p.106

高山さんちのちくわ甘辛炒め キャベツのせん切り添え

高山さんがまかないでよく作っていたもの。それまではちくわが苦手だったけれど、好きになりました。キャベツのせん切りがないとおいしさが半減します。→ p.107

タイ田舎風辛いチャーハン

Kuu Kuuで新しいメニューを考えていた時のもの。高山さんと相談しながら作ったチャーハンを家庭用に簡単にしました。辛いけれど、夏になると食べたくなる料理です。
→ p.110

Kuu Kuuの豚そぼろ

サラダに入れたり、オムレツに入れたり、おかずが少ない日にまかないでよく使われていたものです。人気メニューのモンゴルうどんのかくし味にもなっていた優れもの。
→ p.111

タイカレー チーズかつおぶしのせ

Kuu Kuuではパーティーが続くとまかないはタイカレーでした。毎日では飽きてしまい、ある時ホールの男の子がチーズとかつおぶしをかけてみたら、それがおいしかったのです。→ p.111

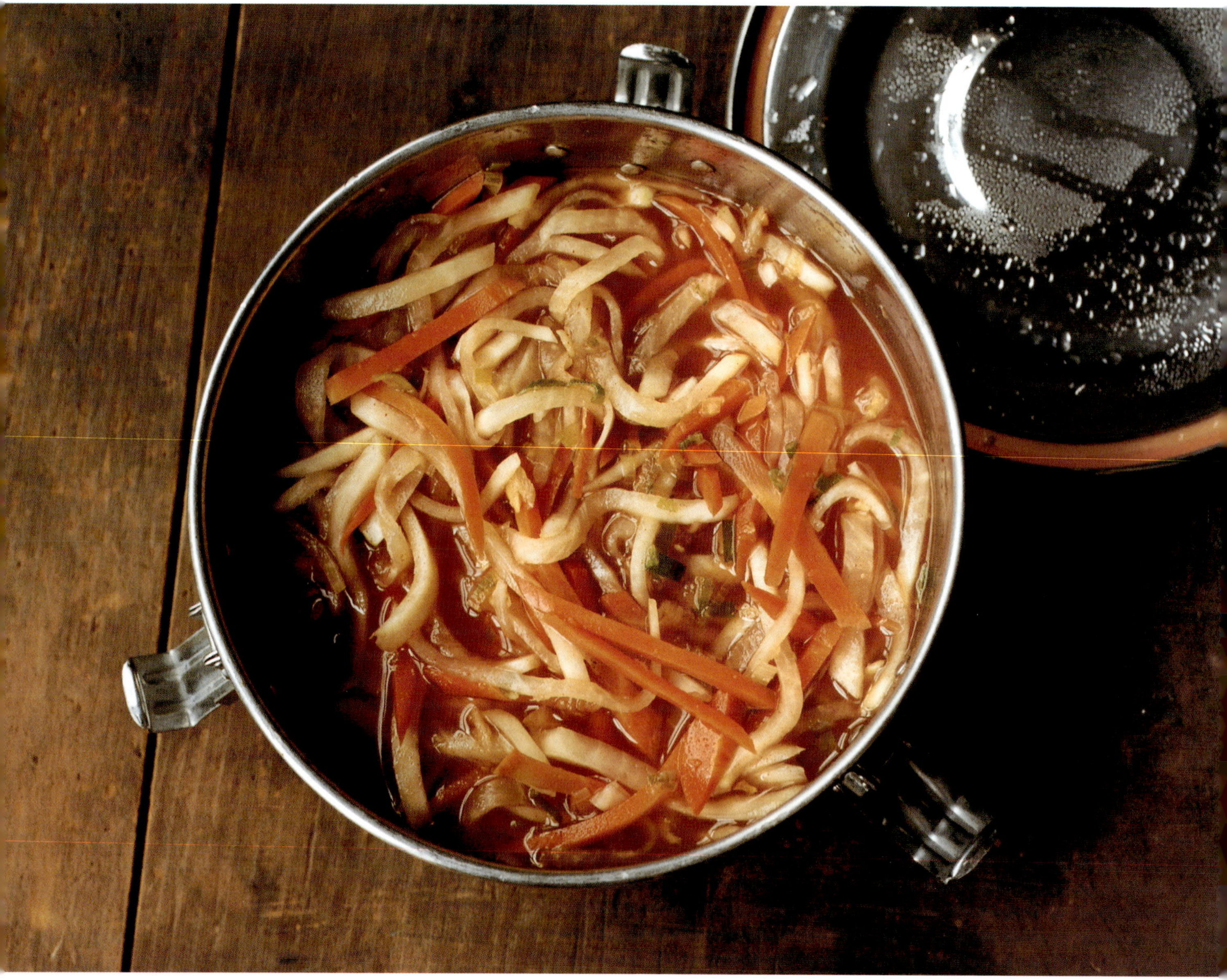

ニョクチャム

作りやすい量

大根	……………………	½本
にんじん	……………………	1本
自然塩	……………………	大さじ½

[漬け汁]

ナンプラー	……………………	75cc
酢	……………………	250cc
砂糖	……………………	大さじ½
カイエンヌペッパー	…………	大さじ1
水	……………………	250cc

A	にんにく	……………	1片
	しょうが	……………	15g
	長ねぎ（青いところを含めて）	‥	½本分
	コチジャン	……………	小さじ¼
	カピ	……………	小さじ⅓

① 漬け汁の材料をステンレスかホーローの鍋に入れ、沸騰させて火を止め、冷ましておく。

② Aのにんにく、しょうが、長ねぎをスライスし、すり鉢でつぶす。全体がつぶれてねっとりしてきたら、コチジャン、カピを混ぜる。

③ 大根とにんじんを皮付きのまま斜めにスライスしてから、太めのせん切りにして、塩をしてしばらく置いておく。

④ 冷めた①に②を加え、混ぜておく。

⑤ ③の大根がしんなりして水が出てきたら、しぼって④に加えて混ぜ、保存容器に入れる。

匂いが強いので、冷蔵庫に入れて保存する時は、さらに保存用ビニール袋に入れます。作ってすぐに食べることができ、保存は冷蔵庫で3〜6か月。

太めのせん切り。

漬け汁が冷めてから、すり鉢でつぶしたものを混ぜる。

目玉焼きサンド

まかない卵かけごはん　　　　　　　　　　　　　　　Kuu Kuu の汁ビーフン

目玉焼きサンド

<u>1人分</u>

食パン（6枚切り） ･･････････････ 2枚
卵 ････････････････････････････ 1個
ニョクチャム（101ページ） ･･････ 適量
バター ････････････････････････ 適量
マヨネーズ（80ページ） ････････ 適量
サラダ油 ･･････････････････････ 適量

① パンを2枚重ねてトースターなどで焼き、内側にバターとマヨネーズをぬる。
② フライパンにサラダ油をひき、卵を割り入れて目玉焼きを作る。一度ひっくり返して両面を焼く。
③ ①に目玉焼きとニョクチャムをはさむ。

パンを重ねて焼くと、中側はフワフワ、外側はカリカリになり、食べやすくておいしいです。

まかない卵かけごはん

<u>1人分</u>

卵 ････････････････････････････ 1個
香菜 ･･････････････････････････ 適量
ごはん ････････････････････････ 1膳分
ニョクチャム（101ページ） ･･････ 軽くひとつかみ
ナンプラー（薄口しょうゆ） ･････ 適量
自然塩 ････････････････････････ 少々
フライドオニオン ･･････････････ 適量

① 卵を割ってナンプラー、塩を加え、かき混ぜる。
② 大きめの器にごはんをよそって、①とニョクチャム、ざく切りにした香菜、フライドオニオンをのせてよく混ぜて食べる。

にんにくチップ、にんにくオイル

<u>作りやすい量</u>

にんにく ･･･････ 2片
サラダ油 ･･･････ 大さじ3

にんにくチップのビンにはシリカゲルを入れるといいです。保存はどちらも冷蔵庫で3か月。

① にんにくは芯を取り除き、均一にスライスする。
② フライパンにサラダ油を入れ、中弱火で揚げ焼きにする。途中何度かひっくり返す。
③ にんにくが茶色に色づいてきたら、キッチンペーパーをのせたザルに上げる。
④ 冷めたらにんにくチップとオイルを別々に保存ビンに入れる。

Kuu Kuu の汁ビーフン

1人分

細いビーフン	50g
干しえび	8匹（3g）
にら	2茎
もやし	ひとつかみ
ニョクチャム（101ページ）	軽くひとつかみ
香菜	適量
レモン	適宜
酒	大さじ1
砂糖	ひとつまみ
自然塩	ひとつまみ
ナンプラー	小さじ2弱
ごま油	少々
にんにくオイル（104ページ）	少々
フライドオニオン	適量
にんにくチップ（104ページ）	2枚

［鶏ガラスープ］

鶏ガラ	1羽分
しょうが	1片
長ねぎ（青いところ）	1本分
酒	100cc

① 鶏ガラスープを作る。しょうがはスライスし、大きな鍋に材料すべてを入れ、かぶるくらいの水を加えて強火にする。沸騰してアクが出てきたらすくい、弱火にして40分〜1時間、静かに煮る。ザルなどでこしておく。

② 大きめの鍋に湯を沸かし、沸騰しているところにごま油少々（分量外）を入れてビーフンをゆで、すぐにザルに上げて、ボウルに入れてラップをして蒸らす。

③ 干しえびを酒につけ、戻しておく。にらは3cmの長さに切っておく。

④ 鍋に①のスープを2カップ入れ、沸騰したら、砂糖、塩、ナンプラー、干しえびを戻し汁ごと加え、ビーフンとにら、もやしも加える。最後にごま油、にんにくオイルを加える。

⑤ 器に盛り、ニョクチャム、フライドオニオン、にんにくチップ（くだいて）、ざく切りにした香菜をのせる。お好みでレモンをしぼる。

鶏ガラスープは冷凍保存することができます。

ラタトゥユグラタン

高山さんちのちくわ甘辛炒め　キャベツのせん切り添え

ラタトゥユグラタン

作りやすい量

玉ねぎ	½個
なす	3本
にんじん	½本
かぼちゃ	120g
冬瓜	150g
しいたけ	3個
しめじ	½袋
いんげん	12本
干しいちじく	4個
トマト	3個
黄ピーマン	1個
にんにく	1片
バジルの葉	10枚
オリーブ油	大さじ3
自然塩	適量
酒	大さじ1〜2
フランスパン	適量
とろけるチーズ	適量

［ホワイトソース］

バター	30g
薄力粉	大さじ2
牛乳	250cc
塩	ふたつまみ
黒こしょう	少々

① 野菜は大きさをそろえて切っておく。
　・玉ねぎは大きめのざく切り。
　・なすは乱切り。
　・にんじんは皮をむいて乱切り。
　・かぼちゃはぶつ切り。
　・冬瓜は皮をむいてぶつ切り。
　・しいたけは石づきを取り、そのまま半分に切る。
　・しめじは石づきを取ってほぐしておく。
　・いんげんはヘタを取る。
　・干しいちじくは半分に切る。
　・トマトは4等分に。
　・黄ピーマンは大きめの細切り。
　・にんにくは半分に切って芯を取り、包丁の腹でつぶす。

② 深鍋を中火にかけ、オリーブ油をひき、にんにく、玉ねぎ、にんじん、冬瓜、かぼちゃを加え、油をからめるように炒める。

③ なすを加えて炒め、塩をひとつまみ加え、さらに炒める。

④ しいたけ、しめじ、干しいちじく、いんげんを加えて炒め、塩ひとつまみ、酒を加え、ふたをして弱火にする。

⑤ ときどきかき混ぜて、野菜がやわらかくなったら汁を味見する。汁に塩気を感じなければ塩を適量加え、味を調える。

⑥ トマト、黄ピーマン、ちぎったバジルの葉を加え、ふたをしたまま5分ほど煮る。火を止め、そのまま余熱で火を通す（野菜の量が多く感じますが、水分が出てくるのでかさが減ります）。

⑦ ホワイトソースを作る。鍋にバターを入れて弱火にかけ、バターがとけたら薄力粉を加えて木べらや泡立て器でよくかき混ぜ、ダマがないようにする。牛乳、塩を加えて混ぜ続け、沸騰して鍋の中がブクブクッとしたらすぐ火を止める。こしょうをひき、粗熱が取れたら保存容器に入れ、冷ます。

⑧ ⑥のラタトゥユを適量、耐熱皿に入れ、⑦のホワイトソースを適量かけ、フランスパンをのせてとろけるチーズをたっぷりかけ、220℃のオーブンで15〜20分焼く。

グラタンに卵を割って加え、焼いてもおいしいです（Kuu Kuuでは入れていました）。ラタトゥユもホワイトソースも保存は冷蔵庫で5日間。

高山さんちのちくわ甘辛炒め キャベツのせん切り添え

2〜4人分

キャベツ …………… ⅛個分
ちくわ ……………… 3〜5本
サラダ油 …………… 大さじ½
ごま油 ……………… 大さじ½
山椒（粒） …………… 適量
マヨネーズ（80ページ）…… 適量

A　酒 ………………… 大さじ2
　　砂糖 ……………… 大さじ1
　　しょうゆ ………… 大さじ1

① キャベツをせん切りにして水にさらし、ザルに上げる。

② ちくわを縦半分に切って斜めに切る。

③ Aを合わせ混ぜる。

④ 中華鍋やフライパンを熱してサラダ油とごま油をひき、ちくわを入れて炒める。

⑤ 中まで火が通る前に③の調味料を加える。

⑥ ぶわっと強火で煮詰めてゆき、汁がとろとろになったら出来上がり。

⑦ 器にキャベツと⑥を盛り付ける。山椒をひいて（粉山椒でもいい）、マヨネーズをかける。

ちくわは、大きいものの場合は3本、細いものは5本使ってください。ちくわの代わりに鶏肉や豚肉で作ってもおいしいです。

タイ田舎風カレーペースト

タイ田舎風辛いチャーハン

Kuu Kuu の豚そぼろ

タイカレー チーズかつおぶしのせ

タイ田舎風カレーペースト

<u>作りやすい量</u>

ごぼう ・・・・・・・・・・・・・ ⅓本（70〜80g）
にんにく ・・・・・・・・・・・・ 1片
バイマクルート ・・・・・・・ 5枚
サラダ油 ・・・・・・・・・・・・ 大さじ2
タイカレーペースト（レッド）・・ 1袋（50g）
水 ・・・・・・・・・・・・・・・・・ 大さじ3
砂糖 ・・・・・・・・・・・・・・・ 大さじ1

A　食べられる煮干し ・・・・・ 10g
　　干しえび ・・・・・・・・・ 大さじ2（15g）
　　酒 ・・・・・・・・・・・・・ 大さじ3

① 器にAを入れてラップをし、せいろで蒸すか、電子レンジで30秒〜1分くらい加熱する。

② ごぼうを洗って泥を落とし、ささがきにして水にさらし、すぐザルに上げる。

③ にんにくはみじん切り、バイマクルートはせん切りにする。

④ 鍋にサラダ油、にんにくを入れ、中火にかける。香りが出てきたらごぼうを加えて炒める。

⑤ タイカレーペーストを加え、軽く炒める。

⑥ ①を加え、バイマクルート、水、砂糖も加え、弱火にして煮干しと干しえびをつぶすようにかき混ぜながらふつふつと油が浮いてくるまで煮詰める。

保存は冷蔵庫で2週間。

タイ田舎風辛いチャーハン

<u>1人分</u>

卵 ・・・・・・・・・・・・・・・・・ 1個
ごはん ・・・・・・・・・・・・・ 多めの1膳分
香菜 ・・・・・・・・・・・・・・・ 適量
レモン ・・・・・・・・・・・・・ ⅛個
サラダ油 ・・・・・・・・・・・・ 大さじ½
タイ田舎風カレーペースト ・・ 大さじ1と½
ナンプラー ・・・・・・・・・・ 少々
フライドオニオン ・・・・・・・ 適量

① フライパンを熱し、サラダ油（分量外）をひいて卵を割り入れ、目玉焼きを焼く。

② 中華鍋やフライパンを熱してサラダ油をひき、ごはんを入れて炒める。

③ ペースト、ナンプラーを加え、よく混ぜながら炒める。

④ 器に③を盛り付けて目玉焼きをのせ、ざく切りにした香菜、レモンを添え、フライドオニオンをかける。

えびや豚バラ肉を加えてもおいしいです。

Kuu Kuu の豚そぼろ

作りやすい量

米	大さじ2
バイマクルート	5枚
長ねぎ	½本
青とうがらし	1本
豚ひき肉	230g
ごはん	適量
香菜	適量
カピ	小さじ¼
サラダ油	大さじ½
ナンプラー	小さじ1
塩、白こしょう	各少々
フライドオニオン	適量

生春巻きの具として、ゆでたもやしと入れたり、焼きビーフンや汁ビーフンの具にしてもおいしいです。保存は冷蔵庫で1週間。

① いり米を作る。フライパンに米を入れ、弱火でから炒りして白っぽくなって焼き色がつき、香ばしい香りが出るまでかき混ぜながら炒る。粗熱が取れたらミキサーで少し形が残るようにくだく。

② バイマクルートはせん切り、長ねぎ、青とうがらしはみじん切りにする。

③ 中華鍋やフライパンを熱し、カピを入れ、弱火で軽くからいりする。

④ ③にサラダ油を加え、ひき肉を入れて炒めていく。

⑤ ひき肉が白っぽくなりはじめたら、バイマクルート、青とうがらしを加え、ナンプラー、塩、こしょうで味を調え、よく炒める。

⑥ ⑤をザルに上げて油をきり、いり米と長ねぎを加えて混ぜ、余熱で火を通す。

⑦ ごはんをよそって⑥を適量かけ、ざく切りにした香菜とフライドオニオンをのせる。

いり米は、白っぽくなってきて焼き色が付くまで炒る。

タイカレー チーズかつおぶしのせ

4人分

水煮たけのこ	……………	100g
しめじ	……………	½袋
なす	……………	2〜3本
赤ピーマン	……………	1個
かぼちゃ	……………	⅛個（100g）
鶏もも肉	……………	1枚
バイマクルート	……………	5枚
レモングラス	……………	1〜2本
サラダ油	……………	大さじ2〜3
タイカレーペースト（レッド）	‥	1袋（50g）
かつおぶしと昆布の出汁	‥‥	2カップ
砂糖	……………	大さじ½〜1
ココナツミルク缶	…………	1缶
ナンプラー	……………	大さじ2
ごはん	……………	4膳分
とろけるチーズ（細切り）	……	適量
かつおぶし	……………	適量

① たけのこを半分に切って大きいまま下ゆでする。ゆでてから薄切りにする。

② しめじは石づきを取ってほぐしておく。なすは輪切り、赤ピーマンは細切り、かぼちゃは1cmくらいの薄切りにする。

③ 鶏肉はひと口大のぶつ切りにする。

④ 深鍋にサラダ油をひき、弱火でカレーペーストを香りが出るまで炒める。

⑤ 鶏肉となすを入れ、中火にして油がからまるように炒める。

⑥ たけのこ、かぼちゃ、しめじも加えて軽く炒め、出汁とバイマクルート、4cmに切ったレモングラス、砂糖を加え、弱火にして煮ていく。

⑦ 鶏肉に火が通ったらココナツミルク、赤ピーマンを加え、ナンプラーで味を調える。

⑧ 器にごはんをよそい、⑦のカレーをかけてチーズ、かつおぶしをのせて食べる。

あまり煮込まない方がおいしいです。具はお好みで変えてください。出汁の代わりに鶏ガラスープや水でも作れます。

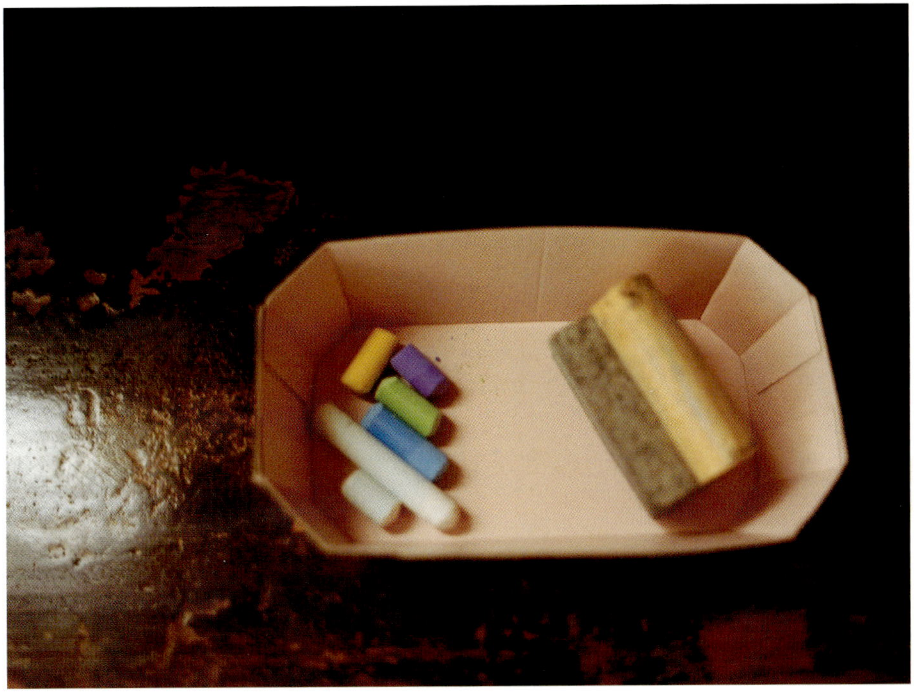

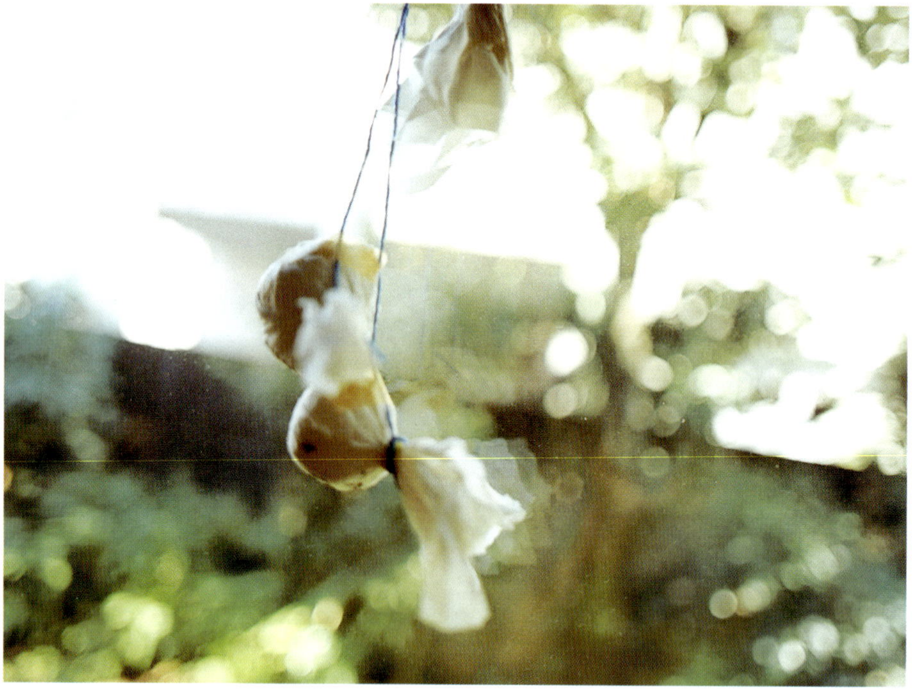

毎日は同じようでも少しずつ変わっていく。
私はこれからも料理をしながら
いろんな人に出会って
いろんなことを学んでいくんだと思います。
その全ての人に感謝して……。

瀬戸口しおり

瀬戸口しおり

宮城県生まれ。
セツ・モードセミナー在学中に
「諸国空想料理店 Kuu Kuu」に入り、
料理の道へ。
夫、息子の3人家族。
素敵なおばあさんを目指して日々修行中。

企画・編集	井上美佳
写真	岡本真菜子
デザイン	中野有希
編集担当	足立綾子(アノニマ・スタジオ)
試作校正	村田由美子
調理協力	高橋香織
製版設計	金子雅一、石川容子(凸版印刷)
印刷進行	藤井崇宏(凸版印刷)
用紙	奥秋真一(朝日紙業)

私の手料理

2008年2月29日 初版第1刷 発行

著者	瀬戸口しおり
発行人	前田哲次
編集人	丹治史彦
発行所	アノニマ・スタジオ 東京都台東区蔵前2-14-14 〒111-0051 tel 03-6699-1064　fax 03-6699-1070 http://www.anonima-studio.com
発売元	KTC中央出版 東京都台東区蔵前2-14-14 〒111-0051
印刷・製本	凸版印刷株式会社

内容に関するお問い合わせ、ご注文などはすべて上記アノニマ・スタジオ
までおねがいします。乱丁・落丁本はお取り替えいたします。本書の内容
を無断で複製・複写・放送・データ配信などすることは、かたくお断りい
たします。定価はカバーに表示してあります。

ISBN978-4-87758-661-4　C2077
©2008 Shiori Setoguchi　Printed in Japan

アノニマ・スタジオは、
風や光のささやきに耳をすまし、
暮らしの中の小さな発見を大切にひろい集め、
日々ささやかなよろこびを見つける人と一緒に
本を作ってゆくスタジオです。
遠くに住む友人から届いた手紙のように、
何度も手にとって読みかえしたくなる本、
その本があるだけで、
自分の部屋があたたかく輝いて思えるような本を。